本书系 2023 年教育部人文社会科学项目
"智媒时代主流意识形态具象化传播的逻辑理路与风险防范研究"（23XJC710014）、
2023 年甘肃省哲学社会科学规划重点项目"甘肃高校网络意识形态风险精准治理研究"
（2023ZD011）的阶段性成果

新时代高校
网络思想政治教育
提升路径

袁 健 / 著

THE PATH TO ENHANCING NETWORK
IDEOLOGICAL AND
POLITICAL EDUCATION
IN HIGHER EDUCATION INSTITUTIONS
IN THE NEW ERA

社会科学文献出版社
SOCIAL SCIENCES ACADEMIC PRESS (CHINA)

目 录

绪 论 …………………………………………………………………… 1

第一章　高校网络思想政治教育的理论基础与思想借鉴 ……… 15

　第一节　高校网络思想政治教育的理论基础 …………… 15

　第二节　高校网络思想政治教育的理论借鉴 …………… 38

第二章　高校网络思想政治教育的发展历程及特点 ………… 60

　第一节　网络与高校思想政治教育的关联 …………… 60

　第二节　高校网络思想政治教育的发展历程 ………… 66

　第三节　高校网络思想政治教育发展的特点 ………… 80

第三章　高校网络思想政治教育的价值与目标 ………… 91

　第一节　高校网络思想政治教育的价值 …………… 91

　第二节　高校网络思想政治教育的目标 …………… 102

第四章　高校网络思想政治教育的原则与方法 ………… 114

　第一节　高校网络思想政治教育的原则 …………… 114

　第二节　高校网络思想政治教育的方法 …………… 131

第五章 新时代高校网络思想政治教育的现实挑战 ………… 140

第一节 西方多元文化的网络隐蔽渗透 ………… 140

第二节 当代错误社会思潮的网络消解 ………… 147

第三节 市场经济负效应的网络冲击 ………… 150

第四节 信息去中心化的网络解构 ………… 155

第六章 新时代高校网络思想政治教育的工作状况 ………… 160

第一节 调研问卷、访谈的设计及实施 ………… 160

第二节 高校网络思想政治教育概况 ………… 164

第三节 高校网络思想政治教育短板 ………… 173

第七章 新时代高校网络思想政治教育的优化路径 ………… 190

第一节 强化主流意识形态思想引领 ………… 190

第二节 建立健全网络思想政治教育体制机制 ………… 194

第三节 优化网络思想政治教育阵地管理 ………… 200

第四节 创新网络思想政治教育话语内容与形式 ………… 207

第五节 加强网络思想政治教育队伍建设 ………… 213

参考文献 ………… 219

绪　论

一　选题背景与意义

（一）选题背景

党的十八大以来，习近平总书记多次强调意识形态工作的战略性地位。在党的十九大报告中，习近平总书记明确提出"必须推进马克思主义中国化时代化大众化，建设具有强大凝聚力和引领力的社会主义意识形态，使全体人民在理想信念、价值理念、道德观念上紧紧团结在一起"①。这无疑告诉我们，要在思想上明确意识形态工作的极端重要性，"着力发挥社会主义意识形态在凝聚人心和价值共识上的突出作用，主动澄清干扰人们思想的错误认识，引领思想舆论的健康发展"②。高校是各种思想观点和理论主张、社会思潮的交汇之地，是大批知识分子、精英群体、知名人士、青年大学生的聚集之地，更是进行舆论斗争和意识形态较量的必争之地③。在全球化、信息化的背景下，各种思想文化相互激荡，高校师生在道德选择、价值取向等方面的独立性、多样性、差异性进一步增强，高校网络思想政治教育面临着严峻挑战。

① 《习近平著作选读》第 2 卷，人民出版社，2023，第 34 页。
② 肖唤元、秦龙：《习近平意识形态建设思想探析》，《社会主义研究》2018 年第 3 期，第 17~26 页。
③ 王娟：《试论增强高校意识形态工作话语权领导权管理权的逻辑理路》，《学校党建与思想教育》2016 年第 11 期，第 44~47 页。

从外部来看，西方国家"以经济全球化推动政治全球化和资本主义意识形态全球化，又以政治全球化和资本主义意识形态全球化保障其生产方式的全球化"①。在全球化浪潮中，"他们一改过去的霸主风度，将僵直的命令变成和颜悦色的'交流'、'对话'与文化输出，并擦上一层薄而透明的'援助与慈善'的胭脂，工于心计地将意识形态的价值观念编码在一套又一套文化机器中，引诱人们产生'意识形态无国号'的错觉，使西方理念轻易地潜入人们的意识底层"②。青年大学生作为国家未来的主人，无疑成为它们渗透的重点。它们将其列为实施"和平演变"战略的主要对象，利用信息网络、电视、广播等各种媒体进行文化产品的输出，公开或隐蔽地宣传资产阶级价值观，散布"资产阶级自由化"意识，美化资本主义的所谓"自由""民主"政治制度，推销其社会政治理论、价值观念和生活方式，企图全盘否定中国共产党的领导，否定中国特色社会主义制度，否定中国特色社会主义道路，动摇党执政的思想理论基础，瓦解党执政的社会基础。受西方价值观的影响，部分领导干部、高校师生员工开始推崇消费主义、功利主义和拜金主义等观念，认为马克思主义所提倡的道德观念不适应社会现实，躲避马克思主义的崇高。

从内部而言，随着在经济、政治、文化体制上的持续转型，国家进入了一个阶层利益不断分化的历史时期。"在社会转型期中出现的利益分化必然导致社会分化，必然导致社会矛盾和冲突，这些矛盾和冲突最终一定会被反映和表现在社会意识形态中。社会转型中发生的社会变革会对大众意识和社会主流意识形态产生深刻影

---

① 房玫：《关于中国在全球化进程中坚持并巩固马克思主义主流意识形态地位的思考》，《当代世界与社会主义》2007 年第 3 期，第 60~64 页。

② 李合亮：《论全球化的意识形态性》，《石油大学学报》（社会科学版）2005 年第 3 期，第62~64 页。

响。"① 反映在高校，"部分师生的价值评价和价值取向趋于务实化，他们开始从自己的实际利益需求和自我的价值标准出发来决定是否接受与认同意识形态，特别是政治信仰领域的真空和理想信念淡化问题比较突出，一些人的主导信仰发生程度不同的质变和量变，对马克思主义的信仰有所降低"②，这一切都大大增加了高校意识形态工作的难度。

现今，经济全球化和网络信息技术飞速发展，国际的合作交流从经济领域延伸至文化等多个领域。思想文化激荡的大背景下，如何利用网络技术的后发优势，切实占领互联网这个意识形态斗争的"主战场"，牢牢掌握网络意识形态工作领导权，让以马克思主义为核心内容和理论指导的社会主义意识形态在多元价值之间保持合理张力，抑制各种价值主张之间的紧张状态，已成为高校亟待着力研究和解决的重大课题。

（二）选题意义

1. 理论意义

（1）系统考察高校网络思想政治教育的理论资源，明晰高校网络思想政治教育是基于何种理论思考而作出的回答，有助于厚植高校网络思想政治教育的理论基础。

（2）论析高校网络思想政治教育与现实思想政治教育之间的关系，并结合时代特征阐明高校网络思想政治教育的历程及特点，明确建设的新任务、新要求和新路向，有助于拓展高校思想政治教育研究领域、完善研究体系。

2. 实践意义

（1）分析新时代高校网络思想政治教育的基本问题，有助于破

---

① 徐海波：《中国社会转型与意识形态问题》，中国社会科学出版社，2003，第72页。

② 王永进：《高校意识形态工作话语权研究》，上海交通大学出版社，2017，第144页。

解高校网络思想政治教育工作中面临的难题，增强主流意识形态在网络空间的说服力和影响力。

（2）从系统性、长效性及专业性等方面出发，提出有针对性的治理举措，为牢牢掌握高校网络意识形态工作领导权、管理权和话语权，保障新时代高校网络安全及校园和谐稳定，提供有益的实践参考。

二 国内外研究现状

从 20 世纪 90 年代起，随着全球公民社会的崛起和经济全球化的逐步形成，国际社会对青少年的关注普遍增强，并成为一种主流趋势。青少年思想政治教育的话题得到了世界各国的积极响应并付诸了行动。世界各国把网络思想政治教育视为给青少年提供养料、促进国家未来发展的战略。

（一）国外研究现状

西方国家也有思想政治教育，只是不用这个词来表述。比如，西方国家经常开展的公民教育、社会工作、政治社会化、国民精神教育、民族振兴教育、传统文化教育、宗教教育、道德教育、历史地理教育、社会问题研究、法治教育等，都与思想政治教育有相似的意蕴。

世界各国普遍重视学校的思想政治教育工作，大力加强学校思想政治教育建设，把思想政治教育摆在十分突出的位置。新加坡把思想政治教育作为国家教育政策的三大基础之一，使之具有战略地位。国家领导人发挥带头作用，自上而下加强思想政治教育学习，培养思想政治教育传统。通过全民职业道德课，培育公民在经济生活中的敬业、诚信精神。政府提出道德教育要"三兼顾、五强调"，即国家、社会、个人兼顾，法育与人情味兼顾，理想与现实兼顾；强调国情，强调国家利益，强调新加坡特色，强调内容形式应符合时代要求，强调寓教育于故事之中。韩国借鉴中国传统儒家德育思想培养民族精神，强烈的民族自豪感成为韩国经济腾飞的精神动力。韩国青少年道德教育由社会、家庭和学校共同承担，但家庭道德教育功能更为凸显。在韩国，家教普遍较严格，父母对孩子不仅说教，身教意识也非常强。父母以身作则，给子女做榜样。许多父母认为，孩子的做人品质和身体健康同等重要，如果自己的孩子被邻人指责没家教，那是很没面子的事，而且不利于孩子将来成才立业。德国人认为，思想政治教育投资并不是非生产性投资，会很快得到经济补偿。德国要求在中小学教育中培养学生必要的思想品质和行为标准，使他们具有为社会发展、科学技术献身的精神。美国在政治教育中，把宪法和《独立宣言》作为最高典范进行传播和灌输，并在美国民众中宣扬美国的三权分立政治制度和"民主、自由、平等、博爱"的价值观念。20 世纪 90 年代初，美国还提出了有针对性的 10 点建议，呼吁全国各界人士通力合作，营造一个有利于学校培养成熟公民的社会环境，共同担负起思想政治教育的义务。美国高校强调，要培养学生"理解和忠诚于自由社会"。许多大学硬性规定，学生必须拿到政治科目的学分才能拿到学位。

日本民众认为，轻视思想政治教育投资的意识值得反省，只有重视对思想政治教育的投资，才能使日本经济得到高速发展。社会教育是日本教育最显著的特征。日本《社会教育法》指出：要努力创造环境，以便全体国民能够利用一切机会和一切场所，自主地根据实际生活需要提高文化教养水平。日本民众不仅自觉接受社会教育，还主动参与志愿服务活动，民众利用各自的优长，主动、积极地参与社会教育活动；民众把参与志愿服务活动视作教学相通（通过教育他人，同时提高自己）、个性展现、自我完善、自我价值实现的一种途径，有力地促进了社会教育的发展和进步。英国民众认为，只有在品德教育上舍得花钱，才能使智力更有效地发挥作用。早在 20 世纪 60 年代中期，英国就投入大笔经费在牛津大学和剑桥大学组织了两个道德研究机构，一是由约翰·威尔逊领导的"法明顿信任研究机构"，主要研究道德教育的基本理论，企图寻找一种普遍、中性、相对稳定的道德判断准则，创建一种德育新框架，倡导专门的德育课程；二是彼得·麦克菲尔负责的"课程发展课题组"，主要研究青少年德育课程。在 20 世纪 70 年代经济危机、财政困难的情况下，英国政府仍坚持拨出一笔可观的经费推动这两个研究机构继续开展研究，这两大研究机构对英国学校德育工作作出了巨大贡献，形成了体谅德育模式。加拿大德育组织的教育对象主要是青少年中的弱势群体。例如，加拿大受害者中心（CCTV）致力于为加拿大和国外的受害者及其家庭提供独特的帮助，并引导公众关注受害者及减轻各种伤害对他们的影响，积极从事有关保护幸存者和受害者的各种活动。

对于网络思想政治教育，国外的研究呈现以下几方面的特点。

一是普遍性关注。西方社会各界都非常关注网络思想政治教育，网络思想政治教育成为从理论界到教育界乃至社会各个行业的关注焦点。美国是最先研究网络思想政治教育的西方国家，其就信息自由、版权、民主、监督和审查等问题，设立了专门的研究机构，制定网络道德规范，开设网络思想政治教育课程。20 世纪 90 年代后的网络思想政治教育研究成为西方社会各界关注的热点，大量论文、专著被发表，各种国际性学术会议陆续召开，学者们从不同的角度关注网络思想政治教育问题，由此也诞生了一些具有建设性的理论，如利奥塔的信息霸权理论（1979 年）、詹明信的晚近资本主义和网络的研究（1981 年）、鲍德里亚的虚拟现实理论（1984年）等。

二是涉及面广。目前，西方网络思想政治教育研究的内容主要集中在信息技术的知识产权问题、计算机犯罪和黑客与安全问题、隐私权的保护问题、自由权利与道德责任问题等方面。这些问题直接涉及社会方方面面的利益，已引起全社会的关注。随着计算机网络教育的进一步发展，加上计算机行业的道德新规范的出台、法律规范的修订，网络思想政治教育已不再单纯是教育部门和教育工作者的事情，而成为全社会共同参与的全民教育。

三是继承传统。西方国家的许多学者认为需要借助传统的思想政治教育理论和原则作为网络思想政治教育问题的指导方针和确立规范的依据，而传统思想政治教育的理论基础就是功利主义、义务论、权利论。黛博拉·约翰逊认为功利主义是为了每个人的幸福所必须遵守的道德原则，有利于人们在计算机应用的道德冲突中作出合理选择；义务论是康德提出的，这种观点认为要永远把人当作目的而不仅仅看作手段；权利论是霍布斯提出的，这种观点认为权利论是一种现代理论形式，强调权利是道德的基础。

四是操作流程。在西方网络思想政治教育研究中，学者们比较重视对网络操作规范的研究，主要通过一些专家、学者的有效协作，提出和制定行之有效的职业规范，用以推动计算机伦理道德的建立。美国从 20 世纪 90 年代起，全面制定了各种计算机网络的规范。

目前国外网络思想政治教育的研究主要有四类：一是网络技术层面的研究，研究主体是计算机科学、信息科学等学科的科研院校学者和 IT 行业管理者；二是网络管理的理论研究与应用研究，研究主体是市场运作中 IT 业管理层和科研院校的学者与科研人员；三是网络感性经验的评论，其主体是网民；四是网络哲学层面的深刻系统研究，研究主体是哲学社会科学研究者。

（二）国内研究现状

2000 年 2 月，华南师范大学的刘梅在《思想政治教育的现代方式——论网络思想政治教育建设》中最早提出网络思想政治教育概念并对其进行界定。现在，关于网络思想政治教育的研究越来越深入，其经过 20 多年的发展历程，经历了初步探索时期、主动建设时期、自主超越时期和全面展开时期四个发展阶段。

1. 第一阶段：冲击下的初步探索时期

从 1994 年到 1998 年是网络思想政治教育的初步探索时期。这一阶段，尚未出现"思想政治教育载体"的概念，更多的是使用"途径""方式""方法"等说法。其主要特点是信息网络硬件设施快速发展，教育软环境尚未形成。青年大学生在互联网使用上走在社会前列，受到网络负面信息的强烈冲击。网络思想政治教育实践在被动局面下初步展开，"防、堵、管"是主要的工作对策。网络思想政治教育研究内容的重点在于找出应对策略。

1994 年 10 月，中国教育和科研计算机网建设全面启动，高校校园网的建设与应用初步展开。一些高校的大学生自发行动起来，在学生会、学生科协的组织下建设了一批以宿舍楼为单位的局域网。1995 年 8 月，水木清华 BBS 网站开通，这是中国内地第一个互联网上的 BBS 站点。大学生在网络使用上的超前性，不但体现在他们使用互联网的热情上，而且还体现在他们的网络使用意识上。一些研究者认为，网络时代下的大学生在传播媒介的使用、信息意识和国际视野上超越了他们的师长。而与之相伴的，则是高校教育工作者强烈感受到互联网对高校思想政治教育带来的巨大挑战。基于对高校网络化发展以及大学生网络行为和思想观念变化的思考，高校思想政治教育工作者关于网络思想政治教育的论述也开始出现，其讨论的焦点主要集中在互联网所带来的负面影响方面，特别是网络对于大学生政治观念、道德和心理方面的危害性。这是对网络思想政治教育的初步探索。

2. 第二阶段：挑战中的主动建设时期

从 1999 年到 2000 年是网络思想政治教育的主动建设时期。1999 年中共中央下发的《关于加强和改进思想政治工作的若干意见》和 2000 年教育部下发的《关于加强高等学校思想政治教育进网络工作的若干意见》推动了网络思想政治教育的快速发展，也标志着我国开始从国家层面上关注网络思想政治教育的研究。1999 年 4 月，清华大学汽车工程系"汽 71 班"党课学习小组，为解决同学们理论学习时间与其他课程相冲突的问题，在一台宿舍楼联网计算机上推出了班级的共产主义理论学习主页，起名"红色网站"。这一新生事物为在互联网上开展学生思想政治教育工作提供了重要启示，开拓出网络思想政治教育的新空间，被认为是全国高校思想政治工作进网络的第一步。

在这一时期，高校信息网络硬件设施不断成熟和完善，以校园 BBS、学生网站为主要形式的校园网络媒介发展较快，各类红色网站应运而生，主动建设思想政治教育网站成为网络思想政治教育工作实践的主要内容；在经验研究和对策研究的基础上，深入的网络思想政治教育理论研究已经在一些局部领域得到展开，重点集中在网络作为思想政治教育介质的方面。与此同时，校园 BBS 也逐渐成为大学生群体交往以及信息交流的重要网络媒介。

在教育部《关于加强高等学校思想政治教育进网络工作的若干意见》的推动下，一些高校成立了由网络建设、宣传教育、学生工作及网络技术等有关部门组成的专门机构，加强了对思想政治教育工作进网络的领导；建立了相应的管理体制，投入了专门的工作队伍和经费设备；开设了网上党校、网上团校；设立了理论学习、时事政策、思想政治理论课辅导和答疑、心理咨询、学生生活服务、校务公开咨询等网站。

在这一时期，随着校园网络建设的快速发展，校园网络媒介逐渐显示出其在大学生中的吸引力和影响力。红色网站在各个高校得到大力发展，成为高校思想政治教育工作的重要载体；校园 BBS 通过在若干起产生较大社会影响的学生群体事件中表现出的特殊作用，吸引了越来越多大学生的关注和使用。随着校园网络在高校思想政治教育工作中的作用日益突出，网络思想政治教育的研究进入一个新阶段，研究者更加关注网络给思想政治教育带来的机遇和挑战，网络思想政治教育阵地的实现形式成为研究的重点。

3. 第三阶段：成长中的自主超越时期

2001 年以后，在许多高校的校园网上，一批承担网络思想政治教育功能的红色网站纷纷建立起来。如北京大学的"红旗在线"、北京师范大学的"学生党建之窗"、南开大学的"觉悟网站"、南京大学的"网上青年共产主义学校"、华中科技大学的"党校在线"等不断壮大的红色网站，构成了高校传播马克思主义的网络阵地和开展思想政治教育的重要载体。一些高校还成立了由网络建设、宣传教育、学生工作及网络技术等有关部门组成的专门机构，以加强对网络思想政治教育的领导。

早在 2000 年，教育部专门下发了《关于加强高等学校思想政治教育进网络工作的若干意见》，就加强高校思想政治教育进网络工作提出了 6 点具体意见，为网络思想政治教育提供了理论和政策依据。此后，高校校园网建设与应用朝着综合性方向发展，形成了比较成熟的校园网络信息服务体系：一是网络在管理、教学与科研活动中得到广泛应用，行政办公、教务管理、课程教学、科研信息资源管理和查询等活动都可以在校园网络信息平台上开展；二是网络实现了综合服务功能，新闻宣传、后勤服务、就业指导、心理咨询等各项服务都可以通过校园网络进行；三是网络普遍进入学生宿舍，为大学生的课外生活创造出一个新空间，并且成为大学生获取信息的重要途径。在这种形势下，许多高校开始大力建设校园信息门户网站。2001 年 2 月，清华大学"学生清华"网站开通之后短短的 8 个月内点击量就有 110 多万人次。复旦大学计算机系学生推出了能提供全方位的网上学习、生活、心理咨询、社会实践、就业辅导等服务的网站，被学生称为"网上家园"。天津大学的"天外天"学生网站经过不断建设升级而形成综合性的教育网络体系，在正式开通一年多之后，首页总访问量达到 800 万人次，日访问量近 20 万人次，即时在线人数达 1000 人，学校通过网络进行的思想政治教育渗透到校园的每一个角落。

应该说，2001 年以来是网络思想政治教育的深入发展期。其主要特点是高校校园网络建设与应用更加成熟和完善，大学生逐渐形成校园网络依赖，校园网络在高校思想政治教育中的地位和作用更加凸显；网络思想政治教育实践拓展到综合性的校园网络社区建设，网上教育逐渐与网下教育相结合，形成联动协调的教育格局；网络思想政治教育研究进入一个比较全面的发展期，网络思想政治教育理论体系的建构成为研究的发展趋势。这一时期属于网络思想政治教育研究成长中的自主超越时期。

4. 第四阶段：信息时代的全面展开时期

2008 年，中国的网民人数首次超过美国，居世界第一①，而且在许多与网络资源相关的指标中都居世界首位或前列，这标志着中国的网络发展进入了一个全新的时代。网络思想政治教育的研究也开始在网络迅速普及的过程中全面展开，网络思想政治教育的理论创新问题得到解决，其主要内容包括以下几个方面。一是全面总结思想政治教育进网络的工作经验。北京市委教育工作委员会在 15 所高校进行"互联网对于高校师生思想影响与对策"的调查研究工作；教育部在南开大学召开工作研讨会，对信息网络技术发展的新形势下高校思想政治工作的改进和创新进行了全面探讨，这些都是网络思想政治教育得到进一步研究的标志。二是对网络环境下思想政治教育理论进行综合、系统的研究，一些研究者力图从整体上探讨思想政治教育理论的创新，围绕教育主客体、内容、方式、评价等各个要素展开论述。其中，对教育主体的研究成为热点之一。有研究者认为教育主体要从高高在上进行思想理论"灌输"的思想权威转变为网络传播中的"把关人"，也有人对网络思想政治教育工

---

① 中国互联网信息中心：《第 23 次〈中国互联网络发展状况统计报告〉》，2009 年 1 月，https://www.cac.gov.cn/files/pdf/hlwtjbg/hlwlfzzkdctjbg023.pdf。

作者的角色定位进行分析，提出了8种角色要求：观察员、发布员、情报员、引导员、编辑员、咨询员、技术员、档案员。还有人提出了生命线意识、阵地意识、真理意识、民主意识、情感意识、创新意识等网络思想政治教育的新观念。三是多学科、多视角的专题研究。其中，从网络文化建设的视角对网络思想政治教育进行探讨是一个重要方面。也有研究者从心理学的视角提出网络时代大学生德育教育的难题在于大学生注意力的分散，网络德育研究要准确了解和把握大学生心理需求动向等。

这一阶段是高校网络思想政治教育工作实践和理论研究向着纵深不断发展的时期。由于许多高校的校园网络建设与应用到了比较完善和成熟的发展阶段，大学生对校园网络的使用状况从起初的仅有少数用户发展到绝大多数人成为网民，从起初仅仅是浏览新闻、收发邮件等简单的网络使用行为发展到全面进入"网络生活"时代，因而校园网络建设与应用的快速发展把大学变成了一个信息网络化的校园，改变了大学生学习与生活实践的环境。在这种新的形势下，无论是高校网络思想政治教育工作的开展，还是与之相关的理论研究的深入，都体现出与校园网络建设与应用不断成熟的实践发展状况相适应的特征。

（三）已有研究述评

从以上分析中不难看出，学术界对网络思想政治教育及相关问题给予了较高关注，并且取得了一些丰富的理论成果，为高校进一步牢牢掌握网络意识形态工作领导权提供了理论指导。但是，已有研究成果仍存在许多薄弱环节和亟须解决的问题。

从研究方法上看，当前关于网络思想政治教育及相关问题的研究多是理论的规范性阐释，涉及实证方面的成果较少。一方面，虽然学者们对相关问题进行了系统分析，但以归纳、概括为主，缺乏实证研究。如果能通过问卷、访谈、案例等形式进行深入的调研，对这一问题的分析和探讨建立在充分数据和实例的基础上，则更能增强研究成果的可行性和说服力。另一方面，在建构网络思想政治教育的具体路径时，由于缺乏实证调研，容易产生对存在的问题把握不准确、分析不到位、建议理想化等情况。

从研究深度上看，网络思想政治教育的研究视域较窄。从已有成果看，学界对高校网络思想政治教育的系统性研究成果还不够丰富，尤其是对网络思想政治教育在高校思想政治工作中的战略性地位，以及网络意识形态建设与现实意识形态建设之间的互动融合重视程度不足。同时，在高校网络思想政治教育的发展历程及特点分析方面也不够深入，还需进一步增强高校网络思想政治教育的针对性、可操作性和实效性。

三　研究思路与方法

（一）研究思路

本书以问题意识为导向，以政治学、管理学的视角，从理论—实践的分析维度和问题—策略的解题维度两个层面对高校网络思想政治教育的相关现实问题提出相应的理论见解与应答。具体而言，本书以高校网络思想政治教育的理论资源及思想借鉴为逻辑起点，系统梳理高校网络思想政治教育的发展历程及特点；以高校网络思想政治教育的价值与目标为逻辑中项，深刻阐释高校网络思想政治教育的原则与方法；以高校网络思想政治教育的提升路径为逻辑终点，围绕高校网络思想政治教育的现实挑战、工作状况，从治理的系统性、长效性、主动性及专业性等方面提出理论思考和建议。

（二）研究方法

文献研究法：通过百链云图书馆、知网期刊全文库等收集、整理相关历史文献资料，在深入阅读、认真提炼的基础上，厘清马克思主义人学理论、马克思主义经典作家关于科学技术与社会发展的理论以及马克思主义中国化的相关理论成果。

多学科综合分析法：高校网络思想政治教育问题是一个立体式、多学科的交叉性问题。基于研究对象的特殊性，在研究过程中需借鉴和运用哲学、管理学、语言学、传播学等不同学科的知识，为研究提供分析思路和指导。

调查研究法：高校网络思想政治教育不仅是一个理论性问题，还是一个实践性问题。本书一方面通过文献梳理相关的理论，另一方面紧密联系高校网络思想政治教育工作现状，在调研的基础上找出高校网络思想政治教育存在的问题及产生的原因，并提出具体对策。

四　研究重点和难点

（一）研究重点

准确把握新形势下高校网络思想政治教育的特点和规律，客观分析高校网络思想政治教育的现实境况，发挥总体国家安全观对高校网络思想政治教育的全域性赋能意义和深层次变革价值，不断提升高校网络思想政治教育的水平。

（二）研究难点

（1）在新发展赛道上，高校网络思想政治教育要明晰时代发展引发的新挑战，剖析现实样态中呈现的新风险，坚持马克思主义在意识形态领域的指导地位，在表达、阐释、整合及传承社会主义核心价值观的过程中展示其独特的价值内涵。

（2）长期以来，高校始终是西方意识形态渗透的重点区域，要理性审视新时代高校网络思想政治教育的历程及特点，充分发挥高校网络思想政治教育效能，把握社会主义意识形态话语权和引领力，筑牢高校网络意识形态前沿阵地。

第一章　高校网络思想政治教育的
理论基础与思想借鉴

　　高校网络思想政治教育是高校思想政治教育的全新形态。马克思主义理论和传播学、心理学、社会学及教育学等学科的丰富知识，为高校网络思想政治教育奠定了理论基础，提供了思想借鉴。

第一节　高校网络思想政治教育的理论基础

　　马克思主义理论体系中有关社会存在与社会意识辩证关系的论述、人的本质及全面发展的学说、马克思主义经典作家关于科学技术与社会发展的观点及中国共产党关于文化建设和科技发展的思考，是高校网络思想政治教育的理论基础。

一　马克思主义关于社会存在与社会意识辩证关系的论述

　　社会存在与社会意识的辩证关系深刻地揭示了人们思想形成发展的基本规律，为开展高校网络思想政治教育研究奠定了唯物论基础。马克思主义关于社会存在与社会意识的关系问题是社会历史观的基本问题。社会存在决定社会意识，社会意识层面发生的任何重大变化，根本上源于社会存在的变化。社会意识具有一定的独立性，它可以对社会存在产生能动的反作用，"批判的武器当然不能代替武器的批判，物质力量只能用物质力量来摧毁，但是理论一经掌握群众，也会变成物质力量"①，"代表先进阶级的正确思想，一旦被群众掌握，就会变成改造社会、改造世界的物质力量"②。精神力量在一定条件下是可以转化为物质力量的，精神力量只有通过群众的实践才能发挥作用。进步的社会意识可以加速、促进社会存在的发展，相反，反动的社会意识则会阻碍、延缓社会存在的发展。马克思主义关于社会存在与社会意识辩证关系的理论，为我们正确认识人的思想起源和形成发展的规律提供了理论依据。

首先，社会存在决定人的思想内容。高校思想政治教育活动应当以社会存在决定人的思想内容这一客观规律为依据，尽可能把握教育对象身心发展的规律，全面考察其所处的环境，明晰影响教育对象之思想形成和变化的外部客观因素，从而有计划、有针对性地组织和开展思想政治教育活动。网络是新技术发展的产物，它拓宽了人类的交往空间，是一种崭新而强大的社会存在，与现代人的政治、经济、文化活动息息相关。网络环境中有新的、多元化的思想观念，其中，先进的思想推动着网络的发展，而落后的思想制约着网络的发展。"网络思想政治教育者在具体工作中，不仅要收集思想信息本身，还要了解网络社会的环境条件，了解当时的政治、经济、文化发展状况、社会风气及道德风貌"③，再把网民的思想放到特定的环境中考察，把握网民思想观念变化的本质，进而有的放矢地开展教育活动。在高校网络思想政治教育实践中，教育工作者要注重调查研究，而不能基于主观臆想，凭个人想象、估计和感性经验来开展思想政治教育活动。要深入了解网民的思想动态，始终坚持关注其实际思想水平以及思想变化的内在规律，自觉地把有关思

① 《马克思恩格斯文集》第1卷，人民出版社，2009，第11页。
② 《毛泽东文集》第8卷，人民出版社，1999，第320页。
③ 韦吉锋：《网络思想政治教育研究的指导理论》，《学校党建与思想教育》2004年第5期，第11~13页。

想政治教育活动的感性经验上升为理论，指导教育实践。

其次，人的思想对社会存在起着能动的反作用。人们反映客观世界的过程是一个创造性的思想过程，以正确思想为指导，用自己的实践来改变客观世界，人们可以充分地发展自我、完善自我。当先进的思想占据人的头脑时，就可以有效地推动社会的发展，而落后的思想则会对社会的发展形成延缓、阻碍作用，甚至对社会造成破坏。开展高校网络思想政治教育，必须注重发挥学生的积极性、主动性、创造性，让网络为学生思想品德的形成、转化、提升服务。同时，由于错误思想观念的存在，网络也成为负面事件和社会不稳定因素的多发地。网民错误的思想观念往往会阻碍网络社会的健康发展。高校网络思想政治教育就是要通过网络传播正能量，在传播社会主义核心价值观的过程中引导学生树立正确的思想观念，严格规范个人网络言行，共同净化网络环境，推动网络社会的有序发展。

最后，社会物质生活条件决定着人们思想的转变和发展。无论人们的思想在反映、创造客观世界过程中的能动作用有多强大，都无法改变或消除人的思想对外部客观世界的依赖。物质生活条件从根本上决定着人们正确思想的形成以及思想的转变。从客观实际出发，遵从客观规律，实事求是地开展思想政治教育活动，才能有效地转变人的思想，实现引导人们形成正确思想观念的目的。网络作为一种新生事物，其出现深刻影响着人们的生活方式，不断形塑着人们的思想。现代社会，我们既不可能与网络隔绝，也无法置身网络世界之外。因此，我们需要深入了解网络技术的发展实际，网络社会、网络文化的发展现状，在此基础上深入探究网络思想政治教育的本质和规律性，以科学的理论成果为指导开展高校网络思想政治教育活动。唯有如此，才能有效引导学生在网络空间形成正确的思想观念。

二 马克思主义关于人的本质、价值及全面发展的学说

高校网络思想政治教育的目标是引导受教育者形成网络社会所要求的思想品德，优化人在网络空间中的生存方式，推动人们在网络环境中实现自由而全面的发展。马克思主义人学理论以"人"这一特殊的社会存在为研究对象，从哲学层面科学地揭示了人类生存发展的基本规律。存在论、本质论和发展论相互联系、有机统一，共同建构起马克思主义人学理论的基本框架。

（一）存在论

思想政治教育的本原目的，在于促进人在社会中的生存和发展。人的存在表现为人的现实性、历史性和实践性。马克思认为，人是实践的存在，是"现实的个人"的存在，要"从现实的、有生命的个人本身出发"①，来研究"处在现实的、可以通过经验观察到的、在一定条件下进行的发展过程中的人"②。马克思还进一步指出，人不仅是现实的、具体的，而且也是历史的，对人的考察应该总是在人和历史的互动中，对人的过去、现在、将来及其各自特征进行分析③。实践是人类最根本的存在方式，人与社会在实践过程中诞生和发展。实践既改变了世界的存在方式，也确证了人的现实存在，改变着人与世界的关系。正是实践，让人们获得生存自由、发展自由。思想政治教育作为一项精神实践活动，体现着人生存与发展的基本方式。

网络环境对人们的影响日益深刻，网络已成为人类新型的生活方式。虚拟生存是人的现实生存的延伸，是一种基于人的现实生存

---

① 《马克思恩格斯选集》第1卷，人民出版社，1995，第67、73页。
② 《马克思恩格斯选集》第1卷，人民出版社，1995，第73页。
③ 朱耀华、郝小芳：《高校网络思想政治教育理论与实践》，湖北科学技术出版社，2013，第27页。

又超越人的感觉的、通过网络技术和信息处理技术而发生交往活动的生存方式。可见，人的网络存在就是人更好地进行网络生存的过程。网络思想政治教育实际上发端于人在网络中求生存、求提升、求发展的根本需要。理解和把握马克思主义中有关人的存在的原理、观点，有助于我们明确高校网络思想政治教育的目的、确定教育任务。由于网络具有平等、开放、互动、自由等特征，运用网络不仅能够帮助人们更好地适应社会环境、网络环境，改变自身生存状态，也会深刻影响人的潜能的发挥及个人价值的提升。

（二）本质论

马克思主义认为，人的本质是劳动实践。实践是人类所有本质特征中最具决定性意义的因素，也是整个人类产生和存在的基础。马克思主义还特别强调了社会关系的意义，明确指出"人的本质不是单个人所固有的抽象物，在其现实性上，它是一切社会关系的总和"[①]。正是因为人的本质由社会关系决定，所以从分析社会关系入手，才能把握人的本质及人存在发展的规律。人从出生那天起，就置身于一定的社会关系中，这种社会关系可分为物质的社会关系和思想的社会关系。人的社会关系主要有经济关系、政治关系、职业关系、法律关系、伦理道德关系、文化关系、家庭关系、民族关系、地域关系等。其中，经济关系在人的社会关系中起主导作用。人的本质并不是一成不变的，而是会随社会历史的发展而发展。在人类社会的不同历史时期，由于人们生存方式的不同，人与人之间也结成了不同的社会关系。基于此，人的本质也就呈现出不同形态。可以说，不同的社会生产方式将会塑造出不同形态的人的本质。网络这一社会存在，推动了社会关系以及人类实践的发展。网络的产生适应了人们的交往需要，也体现着人们社会关系的发展与

----

① 《马克思恩格斯选集》第 1 卷，人民出版社，1995，第 60 页。

变化。因为人为了生存和发展总会产生与他人交往的现实需要。

在网络空间中，信息传播者和受传者间会进行频繁的角色互换，这使得个人在传播领域中的地位和角色不断发生着变化又直接导致了个人在社会生活中的地位和角色的变化及个人社会化程度的提高。原本相互独立的个人会因为网络的存在而建立紧密联系，个人与社会间的关系也会在网络的作用下进一步加深。网络具有很强的开放性，它能够拓展人类与外部客观世界间联系的广度、深度。当个人借助互联网不断加强与外部世界的联系时，其自身的社会化程度也会不断提高。互联网能够增强个人的主导性，使人成为社会生活的"主动方"，成为重要的社会力量。网络已经逐渐渗透到人的交往活动中，塑造了新的交往方式。网络社会的崛起集中反映了人类交往方式的变化以及社会关系的变革。网络社会的发展也会进一步影响人的思想观念的形成与变化。马克思主义关于人的本质理论能帮助我们全面历史地认识和掌握网络社会中人的思想活动规律，更有针对性地开展高校网络思想政治教育活动。高校思想政治教育的工作对象是人，高校思想政治教育要发挥调动人的积极性和提高人的素质的功能，必须要认识和了解人。网络思想政治教育是能够增强受教育者社会性的实践活动，它的产生适应了网络社会关系健康发展的需要。在高校网络思想政治教育中，我们不能仅将网络视作工具。因为即便我们能够摆脱这一工具，也无法完全摆脱网络环境及网络社会关系的影响。

（三）发展论

思想政治教育的最高目的，在于促进人的自由而全面的发展。马克思在《德意志意识形态》中，正式提出了"个人的全面发展"这一科学概念，并在许多重要著作中做了系统的阐述，建立了科学的人的全面发展学说。"根据马克思的观点，人类的整个活动（不管人们是否意识到）不是毫无目的的，而是内在地必然地为一定目的而存在。人类活动的目的就是人的生存和发展，二者是辩证的统一体。人类要得到发展首先要解决生存问题，生存是发展的基础和条件；而当人类解决了生存问题之后，人的发展，人的全面发展就会成为整个社会、整个人类活动追求的最高目标。"① 人的全面发展是相对于人的片面发展而言的。在马克思主义的语境中，人的全面发展并不是实现某些人的发展，而是要使我们每个人，也就是全体社会成员都能得到普遍的、全面的发展。"人的全面发展"主要包括人的才能实现多方面发展，人的体力和智力得到充分自由的发展，人的社会关系得到高度丰富和发展。社会关系的发展是人的全面发展的重要内容。若要充分发挥人在促进自身全面发展过程中的主体能动性，需要丰富和发展社会关系。因为社会关系的丰富和发展将会突破个人或者地域对实现人的全面发展的种种限制，有助于人们在广阔而开放的社会交往中提升个人能力，实现全面发展。

马克思主义关于人的全面发展的科学理论，是在社会物质生产条件和生活条件不断发展的基础上提出的。马克思认为实现人的全面发展必须要具备以下三个条件。

第一，社会生产力高度发展。社会生产力的发展是实现人的全面发展的物质前提。人的全面发展受生产力、生产关系的影响与制约，因而具有历史性和现实性。从历史性来看，生产力发展水平制约着人的发展状态。在特定社会中，人的发展水平实际上与生产力发展水平保持一致。由于社会分工的出现以及分工的不断变化，人的发展呈现出片面发展的状态。人的片面发展趋势在私有制的作用下进一步强化。随着现代工业的发展以及科学技术的进步，实现人的全面发展的物质基础进一步累积，这也为人的全面发展提供了更多可能性。

---

① 韦吉锋：《网络思想政治教育研究的指导理论》，《学校党建与思想教育》2004 年第 5 期，第 11~13 页。

第二，自由时间逐渐增加。自由时间是人们可以自由支配的时间，也就是除了必要的劳动和生产时间外，可用于从事艺术、科学、社交活动等非物质生产活动的时间。充分的自由时间有助于推动人类自身实现全面发展。

第三，社会关系不断丰富。社会关系是个人全面发展的重要条件。推动社会发展进步，最终是为了实现人的全面发展。思想政治教育能够发掘、调动人的积极性、主动性、创造性，促进人的全面发展及社会的发展进步。网络具有自由、开放、平等的特性，网络的诞生和发展为人们扩大交往空间提供了很多便利。网络为人们实现自由全面的发展拓展了空间，而全面开发个体潜能也逐渐成为网民的共同追求。然而，网络交往的匿名性和不可控性也的确为我们开展交往活动带来了负面影响。在网络空间中，网民的思想观念和行为方式极易受到不良思想的影响，从而变得局限和狭隘。

人的全面发展理论在高校网络思想政治教育中的指导作用表现如下。首先，引导学生建立有助于个人成长发展的、健康和谐的社会关系。其次，引导学生正确认识个人潜能。由于网络具有自由、平等的特性，学生在网络空间中的活动缺少一定的约束，甚至缺乏现实空间中的那种秩序要求或者禁忌。网络的匿名性不可避免地引发网民的"匿名狂欢"行为，也让学生认为可以在网络空间中充分、全面地开发个人潜能。然而，在没有理解全面与片面间的冲突，规制与自由间的矛盾，以及本质与现象间的差异等种种复杂关系的情况下，学生发表的言论可能是大胆却偏执的。人的全面发展理论能够指导高校网络思想政治教育工作者深入全面地剖析学生的思想行为，制定科学的教育方案，促进学生健康成长。最后，推动网络社会全面发展。当前，网络的发展呈现出匿名性、开放性、去中心化、全球化的趋势。这增加了我们在网络空间开展思想政治教育活动的难度。同时，网络中各类信息鱼龙混杂，意识形态斗争日益复杂，迫切需要通过网络思想政治教育来建立正确的网络道德准则，引导人的思想观念向主流意识形态靠拢。高校要通过网络思想政治教育传播社会主义核心价值观，强化思想道德教育，促进学生实现全面发展。

三　马克思主义经典作家关于科学技术与社会发展的观点

19 世纪中后期，马克思、恩格斯深刻分析了科学技术对生产和社会变革的巨大推动及引领作用，总结了科技进步的历史事实。马克思和恩格斯认为，科学技术具有推动历史前进的价值，可以改变一个时代，"在这个时代里，蒸汽和风力、电力和印刷机、大炮和金矿的联合作用在一年当中引起的变化和革命要多过以往整整一个世纪"[①]。科学技术本身并不是消极的统治人的力量，而是一种伟大的革命力量；科学技术为未来社会的发展创造了必要的物质基础。列宁在建立和巩固世界上第一个无产阶级政权的同时，也高度关注自然科学的最新成果，并依据这些最新成果发展了唯物主义和辩证法的基本原理。在十月革命胜利后，列宁多次阐述科学技术与建设共产主义的关系，指出"正是社会主义学说，正是对其他国家的观察，使得我们坚信：除非是在具有科学知识的农艺师的指导下，由农业工人用最好的机器来共同耕种，否则就无法摆脱资本主义的压迫"[②]，"要建设共产主义，就必须掌握技术，掌握科学，并为了更广大的群众而运用它们"[③]。

马克思主义经典作家关于科学技术与社会发展的论断，以人类自身的和谐发展为着眼点。科学技术不仅是人类认识自然、改造自然，发展物质生产力，促进社会进步的工具，也是实现人的自由全面发展的重要条件。一方面，科学技术的出现标志着人类生产力的

---

① 《马克思恩格斯全集》第 9 卷，人民出版社，1961，第 37 页。
② 《列宁全集》第 24 卷，人民出版社，1957，第 463 页。
③ 《列宁选集》第 4 卷，人民出版社，2012，第 124 页。

发展与进步，因为科学技术是人类改造客观世界过程中的产物；另一方面，科学技术能够增强人类自身的生存能力、发展能力，丰富人类的精神生活，促进人的全面发展。科学是在历史上起重要推动作用的革命力量。科学对人类社会发挥作用的方式有以下两种。一种是技术性的，"现代科学为生产技术的进步开辟道路，决定它的发展方向"①；另一种是教育性的，"它直接作用于人的理智和心灵，对社会精神生活发生影响"②。互联网在变革信息传播方式的同时改变着社会生活，改变着人们的生存发展方式。随着网络技术的进一步发展，网络逐渐成为能够引起社会关系变化的重要革命性力量。马克思主义经典作家关于科学技术与社会发展关系的理论，为我们开展高校网络思想政治教育提供了必要的理论指导。其指导意义主要体现在以下两个方面。

一方面，有助于确立高校网络思想政治教育研究的理论基点。有关高校网络思想政治教育的研究不应停留在技术、工具层面，而是要从网络技术、网络文化、网络空间等融合发展的维度开展系统性、综合性研究。互联网进入我国初期，我们的网站建设、网络维护等技术相对落后，对网络信息的监督与把控有所缺失，导致网络中出现了诸多负面现象。这些负面现象一度使得高校思想政治教育工作者"谈网色变"，"防、堵、关、管"是当时采用的应对网络问题和事件的主要举措。网络的发展以及网络在教育领域的运用使得思想政治教育工作者逐渐意识到，科学技术对社会和教育活动具有强大的推动力，思想政治教育研究和实践过程中应关注网络的应用，推动思想政治教育"进网络"。当前，网络已经在社会各个领域得到广泛应用，网络对人们思想行为、社会关系的影响和变革愈加深刻。网络不仅是一种新的工具，其日益凸显的社会文化意义已

---

① 《邓小平文选》第 2 卷，人民出版社，1994，第 87 页。
② 史彦虎、冀伦文：《论科技发展与精神文明的社会整合过程》，《中国高教研究》2001 年第 11 期。

经充分表明它对社会发展的巨大推动作用。对于高校网络思想政治教育而言，教育主体应当超越网络工具性的层面，从网络文化、网络社会、网络技术融合发展的维度重新审视并重视网络。

另一方面，有助于推动高校网络思想政治教育活动的有效开展。在对科学技术价值的认知中，"乐观论"者和"悲观论"者之间的争论始终存在。不可否认，科学技术对人类社会的影响具有"两面性"。马克思主义经典作家认为，科学技术能够增强人类征服和改造自然的能力，使人类从必然王国走向自由王国[①]；科学技术的发展增强了人类精神生活的丰富性，有助于人的自由全面的发展。但是，科学技术也会产生负面影响。对于这些负面影响，人们不能通过阻止技术的发展来予以消除，而是要通过人类理性的思维来正确运用和掌控它。这就告诉我们，片面强调网络的危害，或提倡远离网络都无益于思想政治教育的有效开展。如当前一些治疗青少年"网络成瘾症"的"物理隔离厌恶法"就收效甚微。高校网络思想政治教育有效开展，要对网络、网络社会和网络文化的本质和规律性问题进行深入思考，提升教育者和受教育者的网络媒介素养。

四　中国共产党关于文化建设和科技发展的思考

中国共产党把马克思主义基本原理同中国具体实际相结合，取得了马克思主义中国化的丰硕成果。中国共产党关于文化建设和科技发展的思考是高校网络思想政治教育的重要理论基础。

（一）毛泽东文化建设思想

毛泽东文化建设思想是毛泽东思想的重要组成部分，是以毛泽东

[①]　张媛媛：《科技的人本意蕴——马克思人与科技关系思想研究》，博士学位论文，吉林大学，2013。

同志为主要代表的中国共产党人长期领导我国思想文化建设实践经验的科学总结。新民主主义时期，毛泽东同志结合中国的实际阐述文化建设的任务与目标，为中国先进文化的建设指明了方向。社会主义建设时期，毛泽东始终强调中国文化一定要有自己的特色，要有自己的形式，也就是民族的形式，特别强调中国文化应有历史的继承性，要始终让中国文化根植于民族特色文化的土壤之上[①]。毛泽东同志在《新民主主义论》中强调，"文化是不可少的，任何社会没有文化就建设不起来"[②]，文化建设的目标就是"要把一个被旧文化统治因而愚昧落后的中国，变为一个被新文化统治因而文明先进的中国"[③]，要建设的就是"无产阶级领导的人民大众"的文化，是"民族的科学的大众的文化"，这就是先进文化。毛泽东同志还明确提出了先进文化建设要以马克思主义为指导，坚持指导思想的一元化，认为先进文化"只能由无产阶级的文化思想即共产主义思想去领导，任何别的阶级的文化思想都是不能领导了的"[④]。同时，毛泽东同志提出继承古代优秀传统文化，或吸收外国先进文明成果，都是先进文化建设的需要。"清理古代文化的发展过程，剔除其封建性的糟粕，吸收其民主性的精华，是发展民族新文化提高民族自信心的必要条件，但是决不能无批判地兼收并蓄"[⑤]，"文化上对外国的东西一概排斥，或者全盘吸收，都是错误的"[⑥]。毛泽东同志还指出，先进文化"它应为全民族中百分之九十以上的工农劳苦民众服务，并逐渐成为他们的文化"[⑦]。他强调文化的普及应与文化水平的提高相结合，通过加强教育来提高国民的思想道德

---

① 赵小芒：《开拓推进马克思主义中国化的新境界》，解放军出版社，2012，第154~155页。
② 《毛泽东文集》第3卷，人民出版社，1996，第110页。
③ 《毛泽东选集》第2卷，人民出版社，1991，第663页。
④ 《毛泽东选集》第2卷，人民出版社，1991，第698页。
⑤ 《毛泽东选集》第2卷，人民出版社，1991，第707~708页。
⑥ 《毛泽东文集》第7卷，人民出版社，1999，第82页。
⑦ 《毛泽东选集》第2卷，人民出版社，1991，第708页。

素质和教育科学文化素质，"我们的教育方针，应该使受教育者在德育、智育、体育几方面都得到发展，成为有社会主义觉悟的有文化的劳动者"①。按照毛泽东思想的指导，在新时期，我们"建设有中国特色社会主义，必须着力提高全民族的思想道德素质和科学文化素质，为经济发展和社会全面进步提供强大的精神动力和智力支持，培育适应社会主义现代化要求的一代又一代有理想、有道德、有文化、有纪律的公民。这是我国文化建设长期而艰巨的任务"②。

作为信息传播的媒介，网络是传播思想文化的重要途径。网络文化深刻影响着青少年以及社会各个阶层的思想观念、思维方式，网络文化已逐渐渗透在社会各个角落。网络文化的形成和发展对思想政治教育的影响是深刻的、全方位的，具有划时代的意义。毛泽东文化建设思想为我们开展高校网络思想政治教育提供了重要的理论指导。

第一，有助于明确网络空间中社会主义核心价值观传播的时代任务和使命。网络文化的形态多样、内容多元，建设健康、积极、先进的网络文化需要以马克思主义为指导，着力弘扬社会主义核心价值观。第二，有助于厘清网络文化交流互鉴的利与弊。我们既要重视并支持网络文化的发展、网络文化的交流，也要及时防范文化霸权主义对我国网络文化建设的干扰，排除网络空间的安全隐忧。世界是丰富多彩的，人类文化的发展需要不同国家和地区的多种文化、发展模式、社会制度、价值观念相互碰撞、相互借鉴。在人类社会发展史上，各民族、各地区间从未停止过文化交流、文明互鉴。网络的诞生以及全球化发展更是为文化的交流融合提供了新的平台和途径。但是，当前发达国家借助技术优势在网络空间建立文化霸权的现象依然存在，这对网络文化建设、网络空间的思想引导

---

① 《毛泽东文集》第 7 卷，人民出版社，1999，第 226 页。
② 《江泽民文选》第 2 卷，人民出版社，2006，第 33 页。

产生深刻影响。有学者曾预言"谁掌握了信息，控制了网络，谁就将拥有整个世界"①，在现代高新技术不断发展的条件下，推进中国文化的发展，繁荣新时代的文化，具有重要的战略意义。高校网络思想政治教育要高度重视网络先进文化的建设，引导学生树立正确的思想观念。第三，有助于把握当前以及今后我国网络文化建设的方向和落脚点。在先进网络文化建设过程中，高校网络思想政治教育承担着重要的使命。始终围绕网络社会中学生的实际需要来开展教育活动，积极开发先进的、积极向上的网络文化产品，丰富网络文化的形式与内容，创新网络文化的话语体系，才能够推动网络文化发挥其凝聚、渗透、引领功能，让思想政治教育"进网络"，让教育内容真正在教育对象中"入脑、入心"。

（二）邓小平科技发展理论

以邓小平同志为主要代表的中国共产党人全面继承和发展马列主义、毛泽东思想的科技观，科学地把握当代世界科技革命与中国社会主义建设的实际，将理论与实践相结合，深入探究现代科学技术的社会功能、发展方向、地位和作用、基本任务、战略重点等重大问题，形成了关于科技发展的新论断。邓小平同志依据世界科技革命的形势分析科学技术的重要性，提出"科学技术是第一生产力"的重要论断，形成了具有中国特色的科技观。邓小平同志关于科学技术发展的哲学观点和思想丰富了中国特色社会主义理论体系。1988年9月，邓小平同志首次明确提出"科学技术是第一生产力"的划时代科学命题，并强调劳动者必须是"掌握了一定的科学技术知识的劳动力"，"历史上的劳动力，也都是掌握了一定的科学技术知识的劳动力"②。不同时代的不同生产手段，是由科学技术水

① 阿尔温·托夫勒、海蒂·托夫勒：《创造一个新的文明——第三次浪潮的政治》，陈峰译，生活·读书·新知三联书店，1996，第31页。
② 《邓小平文选》第2卷，人民出版社，1994，第88页。

平的不同发展阶段决定的。邓小平同志还认为，科学技术的发展和作用是无穷无尽的[①]；要提倡科学，靠科学才有希望[②]；实现"四个现代化，关键是科学技术的现代化"[③]。他指出，"没有现代科学技术，就不可能建设现代农业、现代工业、现代国防。没有科学技术的高速度发展，也就不可能有国民经济的高速度发展"[④]，"农业的发展一靠政策，二靠科学"[⑤]；科学技术现代化是工业现代化的先导，"中国要发展，离开科学不行"[⑥]，实现人类的理想离不开科学，第三世界国家摆脱贫困离不开科学，维护世界和平也离不开科学。

　　邓小平科技发展理论对高校网络思想政治教育具有指导作用。劳动工具的变革是产业革命的标志，在人类历史上，不同社会时期的科技革命都会相应地推动产业革命，促进劳动工具的变革。微电子信息网络技术的突破引起以计算机模拟人脑的思维活动，全面引发了人脑功能的智能革命，极大提高了人类认识世界和改造世界的能力。高校网络思想政治教育不应忽视网络技术及其对教育的影响，而要高度关注网络技术的更新迭代，善于运用最新的媒体技术开展教育活动。目前，信息技术的发展推动人类社会进入高科技时代，在此背景下，"国家安全"概念发生了质的变化。能否掌握网络技术、推动网络文化建设不仅关乎着网络安全，更是与"国家安全"息息相关。因此，高校网络思想政治教育也变得更加重要。邓小平同志高度重视思想政治教育工作，并强调要努力改进这一工作。他认为，新时期思想政治教育只能加强，不能削弱。邓小平同志在总结改革开放经验教训时指出："我们

---

① 《邓小平文选》第3卷，人民出版社，1993，第17页。
② 《邓小平文选》第3卷，人民出版社，1993，第377页。
③ 《邓小平文选》第2卷，人民出版社，1994，第86页。
④ 《邓小平文选》第2卷，人民出版社，1994，第86页。
⑤ 《邓小平文选》第3卷，人民出版社，1993，第17页。
⑥ 《邓小平文选》第3卷，人民出版社，1993，第183页。

最近十年的发展是很好的。我们最大的失误是在教育方面，思想政治工作薄弱了，教育发展不够。我们经过冷静考虑，认为这方面的失误比通货膨胀等问题更大。"① 为此，邓小平针对改革开放以来思想政治教育存在的问题指出，"教育一定要联系实际。……这样，理想纪律教育，共产主义思想教育和爱国主义教育，才会有效"②。网络新时代的到来，给思想政治教育提出了诸多重大课题，尽管网络发展具有"两面性"，网络社会中人们思想行为的特点发生了许多变化，但是"我们一定要把思想政治工作放在非常重要的地位，切实认真做好，不能放松"③，网络思想政治教育必然在新时代发挥重要作用。

（三）江泽民关于信息网络管理的论述

以江泽民同志为主要代表的中国共产党人继承和发展了马克思主义的科学技术观，密切关注信息网络的发展，对我国信息网络建设提出了明确的指导方针。一方面，明确指出信息网络不断发展给社会带来的双重影响。信息网络"使各国经济和世界经济的联系更为便捷，相互影响也更为直接，突出表现在网上媒体、网上教育和网上银行、网上交易、网上营销等电子商务的蓬勃发展"④，特别是信息技术和网络技术发展迅速，对政治、经济、军事、科技、文化、社会等领域产生了深刻的影响。同时强调，要高度重视信息网络化带来的挑战。"国内外敌对势力正竭力利用它（即互联网——作者注）同我们党和政府争夺群众、争夺青年"⑤，"互联网可以迅速、广泛地传播大量有用的信息，但也存在大量信息垃圾和虚假信

---

① 《邓小平文选》第 3 卷，人民出版社，1993，第 290 页。
② 《邓小平文选》第 3 卷，人民出版社，1993，第 144~145 页。
③ 《邓小平文选》第 2 卷，人民出版社，1994，第 342 页。
④ 《江泽民文选》第 3 卷，人民出版社，2006，第 9 页。
⑤ 《江泽民文选》第 3 卷，人民出版社，2006，第 94 页。

息。如何区别网上哪些信息是真实的？哪些信息是被歪曲的？科学技术本身难以做到这一点"[1]，应该"建立和完善高尚的科学伦理"[2] 并加以引导。另一方面，强调伦理道德对科学技术的发展及应用的规范与指导作用。我们应当正视网络发展给社会带来的机遇和挑战。基于此，江泽民同志提出了"积极发展，加强管理，趋利避害，为我所用，努力在全球信息网络化的发展中占据主动地位"[3]的基本方针。这就要求我们注意以下几点。

首先，要抓住机遇，积极发展信息网络。江泽民同志强调，"四个现代化，哪一化也离不开信息化"[4]，要"加快国民经济信息化进程"[5]。八届全国人大四次会议把推进信息化纳入《国民经济和社会发展"九五"计划和2010年远景目标纲要》，"国民经济信息化的程度显著提高"被列为国家"九五"计划的一项重要目标；党的十五届五中全会提出，要大力推进国民经济和社会信息化，以信息化带动工业化，发挥后发优势，实现社会生产力的跨越式发展。

其次，要加强管理，促进信息网络健康发展。2001年7月11日，江泽民同志围绕网络健康发展这一问题提出新论断。他强调，应根据信息网络的发展完善立法工作，健全关于网络发展的法律法规和行政执法体制，进一步完善有关网络的执法和司法工作。由于互联网具有高度开放、跨地域等特性，通过国际合作加强信息网络管理必不可少。我们要在相应国际组织中积极参与制定有关信息网络的国际准则，加强国际交流与合作，加强信息网络管理人才培养。

---

[1]　《江泽民文选》第 3 卷，人民出版社，2006，第 104 页。
[2]　《江泽民文选》第 3 卷，人民出版社，2006，第 104 页。
[3]　《江泽民文选》第 3 卷，人民出版社，2006，第 300 页。
[4]　《十五大以来重要文献选编》（下），人民出版社，2003，第 2142 页。
[5]　《十四大以来重要文献选编》（中），人民出版社，1997，第 1486 页。

最后，要注重趋利避害，充分利用信息网络构筑党的意识形态新高地。1999 年 2 月 27 日，江泽民同志在全国对外宣传工作会议上指出，可以利用信息技术和网络为传播我们的思想文化服务；在 2000 年 6 月 28 日召开的中央思想政治工作会议上，他进一步指出，"信息技术特别是信息网络技术的发展，为我们开展思想政治工作提供了现代化手段，拓展了思想政治工作的空间和渠道。要重视和充分运用信息网络技术，使思想政治工作提高时效性、扩大覆盖面、增强影响力"①。在 2001 年 1 月 10 日全国宣传部长会议上，江泽民同志强调要牢牢掌握舆论工作的领导权和主动权，"要高度重视互联网的舆论宣传，总的方针是积极发展，充分运用，加强管理，趋利避害，发挥优势，主动出击，不断增强网上宣传的影响力和战斗力，使之成为党和国家思想政治工作的新阵地，成为我们对外宣传的新渠道"②。江泽民同志还特别强调领导干部要以"三个代表"重要思想为指导，站在讲政治的高度加强信息网络知识学习，"各地区各部门的领导干部，必须加紧学习信息网络化知识，高度重视网上斗争的问题"③。

江泽民同志关于信息网络管理的论述，对于网络思想政治教育实践起到了巨大的推动作用。他明确提出"互联网已经成为思想政治工作一个新的重要阵地。……要主动出击，增强我们在网上的正面宣传和影响力"④，这对我们在新时期开展高校思想政治教育，特别是开展网上思想政治教育提出了更高、更具体的要求。高校思想政治教育工作者要提高自身的信息素养，增强思想政治教育的针对性、有效性和主动性。

---

① 《江泽民文选》第 3 卷，人民出版社，2006，第 94 页。
② 江泽民：《论"三个代表"》，中央文献出版社，2001，第 128 页。
③ 《江泽民文选》第 3 卷，人民出版社，2006，第 300 页。
④ 《江泽民文选》第 3 卷，人民出版社，2006，第 94 页。

（四）胡锦涛关于网络文化建设和管理的论述

以胡锦涛同志为代表的中国共产党人高度重视网络发展。2004年9月19日，党的十六届四中全会通过的《中共中央关于加强党的执政能力建设的决定》明确提出："高度重视互联网等新型传媒对社会舆论的影响，加快建立法律规范、行政监管、行业自律、技术保障相结合的管理体制，加强互联网宣传队伍建设，形成网上正面舆论的强势。"[①] 2008年6月20日，胡锦涛同志来到人民网，通过强国论坛与网友在线交流，掀开了中国互联网历史新的一页。2007年1月23日，中共中央政治局进行第三十八次集体学习，胡锦涛同志在学习时发表了讲话，强调要以创新的精神加强网络文化建设和管理满足人民群众日益增长的精神文化需要。

首先，胡锦涛同志论述了加强网络文化建设和管理的意义。"能否积极利用和有效管理互联网，能否真正使互联网成为传播社会主义先进文化的新途径、公共文化服务的新平台、人们健康精神文化生活的新空间，关系到社会主义文化事业和文化产业健康发展，关系到国家文化信息安全和国家长治久安，关系到中国特色社会主义事业全局。"[②] 加强网络文化建设将有"四个有利于"，那就是"有利于提高全民族的思想道德素质和科学文化素质，有利于扩大宣传思想工作的阵地，有利于扩大社会主义精神文明的辐射力和感染力，有利于增强我国的软实力"[③]。

其次，胡锦涛同志就加强网络文化建设和管理提出五项要求。一是要坚持社会主义先进文化的发展方向，唱响网络思想文化的主旋律，努力宣传科学真理、传播先进文化、倡导科学精神、塑造美

---

① 《十六大以来重要文献选编》（中），中央文献出版社，2006，第285页。
② 《胡锦涛文选》第2卷，人民出版社，2016，第559页。
③ 《以创新的精神加强网络文化建设和管理满足人民群众日益增长的精神文化需要》，《人民日报》2007年1月25日。

好心灵、弘扬社会正气。二是要提高网络文化产品和服务的供给能力，提高网络文化产业的规模化、专业化水平，把博大精深的中华文化作为网络文化的重要源泉，推动我国优秀文化产品的数字化、网络化，加强高品位文化信息的传播，努力形成一批具有中国气派、体现时代精神、品位高雅的网络文化品牌，推动网络文化发挥滋润心灵、陶冶情操、愉悦身心的作用。三是要加强网络思想舆论阵地建设，掌握网络舆论主导权，提高网络引导水平，讲求引导艺术，积极运用新技术，加大正面宣传力度，形成积极向上的主流舆论。四是要倡导文明办网、文明上网，净化网络环境，努力营造文明健康、积极向上的网络文化氛围，营造共建共享的精神家园。五是要坚持依法管理、科学管理、有效管理，综合运用法律、行政、经济、技术、思想教育、行业自律等手段，加快形成依法监管、行业自律、社会监督、规范有序的互联网信息传播秩序，切实维护国家文化信息安全。

最后，胡锦涛同志就网络文化建设管理工作的具体落实和开展作出指示。互联网已成为思想文化信息的集散地和社会舆论的放大器，我们要充分认识以互联网为代表的新兴媒体的社会影响力，高度重视互联网的建设、运用、管理，努力使互联网成为传播社会主义先进文化的前沿阵地，成为提供公共文化服务的有效平台，成为促进人们精神生活健康发展的广阔空间。[1] 2007 年 4 月，中共中央政治局召开会议，研究加强青少年体育工作和网络文化建设工作。会议指出，"网络文化建设和管理，要坚持社会主义先进文化的前进方向，坚持正确的宣传导向"，"要大力弘扬体现国家发展和社会进步的思想文化，大力弘扬民族优秀传统文化，提供更多更好的网络文化产品和服务，丰富人民群众的精神文化生活"[2]，网络文化单

---

① 沈正赋、刘传红：《从宣传到引导：中国共产党新闻舆论思想的历时性考察与思辨》，《中国地质大学学报》（社会科学版）2017 年第 6 期，第 3～14 页。

② 《研究加强青少年体育工作和网络文化建设工作》，《人民日报》2007 年 4 月 24 日。

位要自觉担负促进社会主义核心价值体系建设的责任，大力推动马克思主义中国化最新理论成果的网络传播，增强理论宣传的吸引力和影响力。

胡锦涛同志关于网络文化建设和管理的思想，明确指出了当前开展网络思想政治教育实践的任务、方向和具体内容，也坚定了我们一定要在网络技术、网络社会、网络文化融合发展的理论基点上研究高校网络思想政治教育的信心。

（五）习近平总书记关于网络强国的重要思想

习近平总书记关于网络强国的重要思想，其科学内涵和核心要义集中体现为"五个明确"。第一，明确了网信工作在党和国家事业全局中的重要地位。习近平总书记指出："没有网络安全就没有国家安全，没有信息化就没有现代化，网络安全和信息化事关党的长期执政，事关国家长治久安，事关经济社会发展和人民群众福祉，过不了互联网这一关，就过不了长期执政这一关，要把网信工作摆在党和国家事业全局中来谋划，切实加强党的集中统一领导。"[1] 习近平总书记强调："当今世界，谁掌握了互联网，谁就把握住了时代主动权；谁轻视互联网，谁就会被时代所抛弃。一定程度上可以说，得网络者得天下。"[2] 习近平总书记关于网络强国的重要思想，深刻阐明了网络强国建设对维护总体国家安全、巩固党的长期执政地位的重大意义，对于开展社会主义现代化建设、维护人民群众根本利益等方面具有的重要作用。此外，习近平总书记旗帜鲜明地提出"党管互联网"这一重大政治原则，把我们党对网信工作的规律性认识提升到一个新的高度，在网信事业发展历程中具有里程碑意义。

---

[1]　《习近平著作选读》第 2 卷，人民出版社，2023，第 147 页。
[2]　《习近平关于网络强国论述摘编》，中央文献出版社，2021，第 41 页。

第二，明确了网络强国建设的战略目标。习近平总书记指出："要站在实现'两个一百年'奋斗目标和中华民族伟大复兴中国梦的高度，加快推进网络强国建设。要按照技术要强、内容要强、基础要强、人才要强、国际话语权要强的要求，向着网络基础设施基本普及、自主创新能力显著增强、数字经济全面发展、网络安全保障有力、网络攻防实力均衡的方向不断前进，最终达到技术先进、产业发达、攻防兼备、制网权尽在掌握、网络安全坚不可摧的目标。"[1] 这些重要论述，站在党和国家事业发展全局与战略的高度，科学规划网络强国的基本要素和战略目标，擘画了网络强国建设的宏伟蓝图，具有强大的思想引领力、实践指导力、精神感召力。

第三，明确了网络强国建设的原则要求。习近平总书记指出："要坚持创新发展、依法治理、保障安全、兴利除弊、造福人民的原则，坚持创新驱动发展，以信息化培育新动能，用新动能推动新发展；坚持依法治网，让互联网始终在法治轨道上健康运行；坚持正确网络安全观，筑牢国家网络安全屏障；坚持防范风险和促进健康发展并重，把握机遇挑战，让互联网更好造福社会；坚持以人民为中心的发展思想，让亿万人民在共享互联网发展成果上有更多获得感。"[2] 这些重要论述，深深植根于我国互联网发展治理实践中，鲜明指出了网络强国建设的基本原则和总体要求，体现了对网络强国建设内在规律的深刻把握，为我们更好地发展互联网、运用互联网、管理互联网指明了方向。

第四，明确了互联网发展治理的国际主张。习近平总书记指出："要坚持尊重网络主权、维护和平安全、促进开放合作、构建良好秩序等全球互联网治理的四项原则，倡导加快全球网络基础设施建设、打造网上文化交流共享平台、推动网络经济创新发展、保

---

[1] 《习近平著作选读》第 2 卷，人民出版社，2023，第 147~148 页。
[2] 《习近平著作选读》第 2 卷，人民出版社，2023，第 148 页。

障网络安全、构建互联网治理体系等构建网络空间命运共同体的五点主张，强调发展共同推进、安全共同维护、治理共同参与、成果共同分享，携手建设和平、安全、开放、合作的网络空间。"①习近平总书记关于互联网治理的重要论述描绘了不同国家相互合作、携手构建网络空间命运共同体的美好愿景。其中的一些新主张、新举措既体现了我们党在推进人类文明进步、促进世界和平发展过程中的使命担当，也真正为推动全球互联网治理体系变革提供了中国方案、中国智慧。

第五，明确了做好网信工作的基本方法。习近平总书记指出："网信工作涉及众多领域，要加强统筹协调、实施综合治理，形成强大工作合力。要把握好安全和发展、自由和秩序、开放和自主、管理和服务的辩证关系，整体推进网络内容建设、网络安全、信息化、网络空间国际治理等各项工作。"② 这一重要论述，蕴含着丰富的马克思主义思想方法和工作方法，既讲"怎么看"，又讲"怎么干"，具有很强的现实针对性和科学指导性，为新时代推进网信事业发展提供了科学的方法论。

总体上看，"五个明确"既各有侧重又紧密联系。其中，"重要地位"要求我们从党和国家事业全局来认识网信工作的重要性和紧迫性，始终围绕中心、服务大局，不断增强工作责任感和使命感；"战略目标"要求我们明确目标方向，按照网络强国建设的基本格局、发展思路、重点任务，一步一个脚印地推进工作；"原则要求"要求我们坚持正确工作方针和工作原则，确保网信事业发展始终沿着正确的道路前进；"国际主张"要求我们拓宽国际视野、强化战略思维，统筹国内国际两个大局推进网信工作；"基本方法"要求我们不断探索工作规律、运用科学方法，增强网信工作的科学

---

① 《习近平著作选读》第 2 卷，人民出版社，2023，第 148 页。
② 《习近平著作选读》第 2 卷，人民出版社，2023，第 148~149 页。

性和实效性。这"五个明确"深刻揭示了新时代网信工作的内在规律，是做好新时代网信工作的根本遵循，我们必须长期坚持贯彻、不断丰富发展。

第二节　高校网络思想政治教育的理论借鉴

高校网络思想政治教育是高校思想政治教育的全新形态，对其展开研究，需要从传播学、社会学、文化学、心理学、教育学等学科中吸取营养，丰富其知识来源。

一　传播学理论的借鉴

网络传播是一种集人际传播、组织传播、大众传播等特点于一体而融合发展的新型传播方式。网络思想政治教育是一种教育活动，教育活动过程本身也是要传递、沟通和交流信息的，为了更好地开展高校网络思想政治教育，需借鉴传播学的相关理论知识。

（一）受众研究理论

受众指的是信息的接收者。受众的范围相对较广，如书籍与报刊的读者、电影电视的观众、广播的听众等。网民也是受众的重要组成部分。传播学研究者始终在关注和讨论一个焦点问题：传播活动的中心是谁。早期的传播学者提出了"枪弹论"等理论，其实质就是把受众当作被动的信息接收者，在这些理论中信息传播者是居于中心地位的。随着研究工作的逐渐深入，研究者发现受众是多元且不同质的，受众也并不是单纯的、被动的信息接收者。不同受众对同一传播信息的反应不尽相同。因此，受众在传播过程中的作用也逐渐受到重视。20世纪60年代，关于受众的研究实现了从"传者中心论"到"受众中心论"的转变。受众中心论的研究者认为，受众并不是消极地接收信息，而是积极地寻求信息为自己所用。选择性接受理论、受众个人差异论、媒介依赖理论、使用与满足理论等是受众研究中较有代表性的理论成果。

美国著名传播学家梅尔文·德弗勒在其与桑德拉·鲍尔-洛基奇合著的《大众传播学诸论》中阐述了受众个人差异论，认为每个人的成长环境和社会经历不尽相同，他们的性格也就各有差异。面对同一信息，每个人会因为心理、性格的差异而对信息作出不同的选择和理解，随之而来的态度和行为的改变也会因人而异。选择性接受理论认为，受众在接收信息的过程势必要根据个人的需要和意愿而有所选择、有所侧重，甚至有所曲解，以便使所接收的信息同自己固有的价值体系和既定的思维方式尽量地协调一致。传播学家约瑟夫·克拉珀曾在《大众传播的效果》一书中提到，受众的选择性信息接收过程包括三个重要的因素。一是选择性注意。受众在接收信息时有一种本能的趋向，即尽量接触与自己观点相吻合的信息，并且有意识地避开与个人观念相抵触的信息。二是选择性理解。受众会尽可能让新接收的信息与原有的价值观念保持协调。因为人们总会按照个人喜好、已有的思维方式对新接触的信息进行再次解读，并给出个人理解，以避免新信息与原有认识相冲突。三是选择性记忆。受众会有选择地记住对自己来说更为有利、有用、有价值的信息，而不是全盘接收和理解新信息。关于使用与满足理论的研究中，研究者从受众角度出发，探究受众使用媒介的动机以及受众如何满足自身需求，通过这种需求与满足的分析来考察大众传播对人类心理和行为方面的效用。传统的理论认为，在信息传播过程中，受众是相对被动的，媒介的主要任务是说服受众。而使用与满足理论则认为受众具有主动性，能对媒介产生积极作用，在一定意义上，受众制约着媒介传播。有关该理论的研究把受众看作有特定"需求"的人，强调受众的媒介接触活动是一个基于特定需求和动机去获取信息以"满足"需求的过程，受众是否使用媒介根本上取决于人自身的需求。

媒介依赖理论，是美国传播学家梅尔文·德弗勒和桑德拉·鲍尔-洛基奇在《大众传播学诸论》一书中提出的，他们认为一个人越依赖于通过使用媒介来满足需求，媒介在这个人生活中所扮演的角色就越重要，而媒介对这个人的影响力也就越大①。信息渠道的丰富为受众提供了更多的选择性，让受众能够主动去寻找对自己有利的、符合自身需要的信息，但这并没有改变受众对媒介的依赖。随着社会信息化趋势的不断演进，受众对媒介的依赖也进一步增强。在信息特征日趋明显的现在，受众对媒介的依赖现象，不但没有改变，反而在一定程度上被加强了。人们在接触信息的同时，对自身和社会的疑问也逐渐增加。为了解答这些疑问，人们不得不借助一定的媒介，以便获取更详细、更深入的信息。使用和提供真实可靠的信息，消除受众心中的不确定性，是媒介形成和发展的主要目的之一。现代媒体具有传播速度快、传播内容多元、使用便捷等特征，是受众首选的信息传播、信息获取媒介。

受众研究是传播学研究中的重要内容。从"传者中心论"到"受众中心论"的转变，反映了受众研究的深入发展，也表明人们的认知发生了转变。传播学领域有关受众问题的研究，为高校网络思想政治教育提供了诸多理论借鉴。首先，受众研究启发我们要高度重视教育对象的中心地位，开展教育活动时应从学生的实际需求出发，在把握学生需求、分析学生思想行为特点等方面下功夫。其次，受众研究启发我们要关注学生对网络媒体的依赖性，教育者应作为"把关人"对网络中传播的内容进行监督和引导，注重建设先进的网络文化。

---

① 刘早：《简论当代大众传媒的发展及特点》，《新闻爱好者》2012年第16期，第13~14页。

（二）传播效果理论

传播效果指受众接收信息后，其思想、感情、行为、态度等方面所发生的变化。随着传播学的发展，研究者在考察传播效果时将信息共享、知识承接、情绪反应、兴趣养成、认同一致、审美愉悦、态度和行为的转变也纳入其中。传播效果是传播学研究中的重要问题，传播效果反映着传播目的是否得到实现。传播效果研究经历了四个发展阶段，形成了不同的研究成果。

第一，"枪弹论"阶段。"枪弹论"将受众比喻为射击场的靶子，认为受众并不能抗拒媒介这种子弹的射击。受众总是在消极、被动地接收媒介所传递的信息，从而接受其中的知识、思想或动机、感情。在这一阶段，大众传媒被人们看作具有不可抗拒力量的存在，受众对大众传媒的信息产生大致相同的反应。"枪弹论"实际上是将传播效果绝对化，考察传播效果时未能区分特定的时间、地点、对象，过分地夸大了传播媒介的作用。

第二，"有限效果论"阶段。在这一阶段的研究中，受众不再被视为"靶子"。"有限效果论"认为传播活动不是单向的传播过程，而是传—收互动的过程。受众是具有不同特点的个体。媒介并不是影响受众的直接和唯一因素。大众传媒对受众的影响是有限度的，其并不会直接改变信息接收者对事物的态度。因为人们在作出某种决定之际，也会受其他因素的影响。本阶段代表性理论是两级传播理论，即信息从大众传媒传递到受众，经过了两个阶段，首先从大众传媒传递到舆论领袖，然后从舆论领袖传递到社会公众。

第三，"适度效果论"阶段。"适度效果论"认为，大众传媒对于受众虽然没有"枪弹论"所认为的那样有立竿见影的效果，但是也不像有限效果论说的那么不堪，它仍然是具有一定影响的，这种影响应该从受众这个角度来衡量，并且应从长期效果来衡量。

本阶段代表性理论有创新与扩散理论、议程设置理论、知识沟假说等。创新扩散理论认为，创新是指被相关使用部门认定的任何一种新的思想、新的实践或新的制造物。在创新向社会推广和扩散的过程中，大众传媒能够有效地提供相关的知识和信息，但在说服人们接受和使用创新方面，人际交流显得更为直接、有效。大众传媒与人际传播的结合是新观念传播和说服人们利用这些新观念的最有效途径。议程设置理论认为，大众传媒往往不能决定人们对某一事件或意见的具体看法，但可以通过提供信息和安排相关的议题的方式来有效地左右人们关注某些事实和意见及议论的先后顺序①，大众传媒提供给公众的是它们的议程。大众传媒可能无法影响人们怎么想，却可以影响人们去想什么。知识沟假说认为，大众传媒的信息传达活动会增加人的知识量。但相对而言，由于社会经济地位高的人获得信息和知识的速度要快于社会经济地位低的人。长此以往，二者之间的知识鸿沟会不断扩大，相应的，二者间的知识差距也会拉大。

第四，"强大效果论"阶段。"强大效果论"强调大众传媒有巨大的效果。但与"枪弹论"不同，"强大效果论"强调，大众传媒的效果是复杂、间接的，长期的、潜移默化的，而不是短期、立竿见影的，大众传媒的影响是宏观的、社会的，而不是微观的、个体的。其中，较有代表性的理论有沉默的螺旋理论、教养理论等。沉默的螺旋理论认为，人们在表达自己想法和观点的时候，如果看到自己赞同的观点，并且受到广泛欢迎，就会积极参与进来，这类观点就会越发大胆地发表和扩散；而发觉某一观点无人或很少有人理会（有时会有群起而攻之的遭遇）时，即使自己赞同它，也会保持沉默。一方的沉默造成另一方的增势，如此循环往复，便形成一

① 舒咏平、铁翠香：《品牌危机的网上扩散与消弭——以迪奥的"莎朗·斯通事件门"为例》，《华中科技大学学报》（社会科学版）2009年第2期，第101~106页。

方的声音越来越大，另一方越来越沉默下去的螺旋发展效应。经大众传媒强调提示的意见具有公开性和传播的广泛性，往往被当作"多数"或"优势"意见，更容易为人们所认知。这种环境认知所带来的压力或安全感，会引发人际接触中"劣势意见的沉默"和"优势意见的大声疾呼"的螺旋式扩展过程，并导致社会生活中占压倒性优势的"多数意见"——舆论的产生。教养理论认为，在现代社会中，大众传媒所提示的"象征性现实"深刻影响着人们对现实世界的认识和理解。这种影响是一个长期的、潜移默化的过程，而非短期的过程。受此影响，人们可能在不知不觉中改变其现实观。该理论揭示了大众传媒潜移默化地影响社会"共识"、影响人们"主观现实"的内在机理。

传播学当中关于传播效果的研究成果丰富多样，给我们很多启发。尽管不同的理论也体现出一定的时代局限性和学科视野限制，但其中也不乏有益的、可借鉴的观点和思想。这些研究成果为高校网络思想政治教育提供了理论借鉴。尤其是在分析网络媒体对学生思想行为特点的影响、探讨网络环境中教育者和受教育者的关系互动模式、研究网络思想政治教育内容的有效传播等方面，会对高校网络思想政治教育产生有益的启示。

（三）网络传播理论

网络传播是一种新型的传播方式，它是人们基于网络而开展的双向信息交流。网络传播以计算机通信网络为基础，具有信息传递、交流和利用功能，能够实现传播社会文化的目的。网络传播的出现，极大地改变了信息传播的方式，使信息得以广泛散发、吸收和利用。网络传播影响着人类知识的传递、组织和获取，也深刻改变着人类的生活。传播学在网络传播研究方面形成了诸多理论成果，关于网络媒体与传统媒体的比较研究为我们认识网络、更好地开展网络思想政治教育提供了有益借鉴。

　　与传统媒体相比，网络媒体具有交互性、即时性、海量性、多媒体、个人化、超文本等新特征。网络传播的交互性表现在于其能提供一种双向传输的信息渠道，而传统媒体则只是单向地为受众传递信息。网络传播的海量性主要表现为信息的储存量、传播范围相对较大。网络数据库的形式能纵向保存历史新闻信息，并且向世界各个角落传播。在世界上任一时间任一地点发生的任一事件都有可能成为网络信息而被广泛传播。网络中，"人人皆可成为信息源"，所以会源源不断地产生新信息。信息集纳的广度与深度集中反映了网络传播的海量性特征。网络传播的多媒体特点表现为网络媒体兼容了文字、声音、影像、图表（片）、动画等多种传播手段，最大限度地实现了各种传播形式的"兼容并包"。网络传播能以多种形式保存、表现和发送信息，充分调动了受众的感官，也为受众提供了更多的自由选择。网络传播的即时性主要体现在传播速度方面。网络新闻传播的载体是光纤通信线路，光纤传递数字信号的速度为30万千米/秒，瞬间可达世界上任何地方，从而在技术环节上保证了网络新闻传播的即时性特点，受众可以在第一时间知道世界上所发生的一切。网络传播的个人化特征非常明显，"大众传媒也被重新定义为发送和接收个人化信息和娱乐的系统"[①]，技术带来的优势可以使得受众从容地利用各种检索工具在各类数据库中"各取所需"。在网络传播中，信息传播者能够根据用户需求提供专门化的信息，而受众也可自由选择在什么时间、什么地点、以何种方式来接收信息。网络传播提供的多样化传播形式有助于人们张扬个性、凸显特色。与传统媒体不同，网络传播是建构在超文本、超链接之上的全新传播模式。超文本对信息的存储可以按照交叉联想的方式，从一处迅速跳到另一处，打破了原文本系统只能按顺序、线性存取的限制，可以方便灵活地检索。超文本特性赋予网络传播许多

---

　　① 尼葛洛庞帝：《数字化生存》，胡泳等译，海南出版社，1996，第15页。

优势，使网络传播拥有强大的检索功能和良好的编辑功能。关于网络传播的研究为传播学理论带来了新变革。比较典型的是"把关人"理论的变化。以往研究中，传播学将"把关人"看作负责收集、传播、处理、过滤信息的人，而在网络传播的研究中却很少提"把关人"。因为网络传播是双向的，传播权力相对分散和泛化，任何人都可以传播信息。在网络传播中，"去中心化"现象日益凸显，信息传播者的权威性被削弱，不存在传统意义上的"把关人"。同时，由于信息传播相对自由，传播范围相对广阔，网络空间中信息云集，甚至造成一定程度的信息泛滥，人们也无法及时地进行"把关"。传播学领域在网络传播方面形成的研究成果为我们全面认识高校网络思想政治教育对象的思想特点、活动方式提供了知识借鉴。

二　社会学理论的借鉴

人们思想观念的形成和变化受社会存在的影响和制约。社会学领域所研究的社会问题，是形塑与改变人们思想观念的重要因素。高校网络思想政治教育要解决的是网络存在给学生思想品德提升所带来的难题，而网络对人们生活方式和人类社会的深刻影响已经凸显其重要的社会文化意义。当前，网络思想政治教育的社会化趋势已十分明显，我们不能将网络思想政治教育活动局限在学校，而要主动开阔研究视野。社会学大量丰富的理论成果，必然成为高校网络思想政治教育借鉴的知识库。

（一）个体社会化理论

个体社会化理论是社会学研究的基本理论，个体社会化是社会将一个自然人转变为一个能适应一定的社会文化、参与社会生活、实施一定角色行为的社会人的过程。从个体的角度而言，个体社会化是一个人从不知到知、从知之不多到知之甚多，从不成熟到成熟的社会生长过程。个体社会化的主要任务是：认知各种社会生活、社会行为规范，掌握基本的生活技能，学会扮演不同的社会角色，明确个人的生活和成长目标，为适应社会生活打下良好基础。社会化是不断发展的过程，对任何一个人来说，社会化都是终身的课题。思想政治教育要解决的是人的思想政治和道德的社会化问题，网络思想政治教育要解决的是在网络环境中人们该如何遵守各种规范、适应社会生活，实现自己的思想政治和道德社会化的问题。高校网络思想政治教育借鉴个体社会化的理论知识，有助于相关主体认清网络环境中个体社会化的必要性和实现社会化的标准。同时，明确个体社会化的长期性、复杂性，也能启发教育者在高校网络思想政治教育过程中提高自身的网络生存技能，适应网络、运用网络，在网络空间中实现个人和教育对象的社会化，而不是回避和隔离网络。

（二）关于社会群体的理论

社会群体理论是社会学研究的重点。社会学研究关心社会群体的特征、群体间或成员间的互动影响，这些研究结果有助于解决社会问题并制定公共政策。社会群体是指通过一定的社会关系结合起来进行共同活动而产生相互作用的集体。社会群体的基本特征表现在以下几方面。一是有一致的群体意识。群体意识是群体成员关心群体存在和发展，与群体荣辱与共的一种思想感情。群体意识的形成源于群体成员间的交往与活动。群体意识也表现为一种群体归属感，当群体成员具有了群体意识后，其就默认自己属于该群体，并且与群体外的人相区别。二是有经常性的社会互动。社会关系是形成社会群体的基础，个体以社会关系为纽带经常性地相互联系，才能共同建立社会群体。转瞬即逝的互动并不能形成社会群体。三是有共同的目标和活动。群体是促进个体社会化的重要载体。开展满足个人需求、满足社会发展需要的集体活动，是不同个体相互组合、共同进入同一社会群体的目的。不同的社会群体共同组成了社会大系统，历史和现实都表明，群体的稳定影响着社会的稳定。社会的稳定取决于群体的稳定，促进群体的稳定有助于推动社会的安定团结。四是有明确的群体行为规范。群体成员互动和开展活动都需要遵循一定的准则，这种准则是约束群体成员的行为规范。除一般的社会准则之外，某一群体特有的要求和准则也是群体成员需要遵守的行为规范。

网络社会为人们提供了新的互动空间与环境，因网而生、以网结缘的"网缘群体"随之凸显出来。网络社会群体有自己独有的特性，并且在群体意识、共同目标等问题上与其他社会群体不同。随着网络进一步深入人们生活，网络群体的活动越来越受到关注，其活动的影响力已开始渗透进人们的现实生活，网民力量已成为社会所关注的热点。思想政治教育的社会化发展趋势要求思想政治教育面向社会求发展，渗透到社会生活的各个领域中去，使思想政治教育真正成为社会生活不可缺少的组成部分，发挥其应有作用。高校网络思想政治教育应借鉴社会群体理论，重视对网络群体的分析，尤其要关注网络群体的存在和发展对学生社会化的作用，乃至对社会发展的影响。同时，对日渐增多的因网络而生的群体性事件，高校网络思想政治教育也需予以关注，因为绝大多数相关事件对学生在网络环境中的思想政治品德形成都有深刻影响。

（三）网络社会理论

社会学家曼纽尔·卡斯特在其著名的《网络社会的崛起》中开篇就宣布："公元两千年将届之际，一些具有历史意义的事件转化了人类生活的社会图景。以信息技术为中心的技术革命，正在加速重造社会的物质基础。全世界的经济已然成为全球互赖，在易变不定的几何形势系统中，引入了经济、国家与社会之间关系的新形式。"① 曼纽尔指出："互联网的崛起逐步转化为当今人类生活的社会图景，网络社会中的'信息'和'知识'首次成为社会发展的核心要素。社会的个体之间、个体与组织之间、组织之间，都透过网络沟通而频繁地互动起来，从而形成了初具雏形的网络化社会（Network Society）。"② 德国社会学家齐美尔提出："当人们之间的交往达到足够的频率与密度，以至于人们相互影响并组成群体与社会单位时，社会便产生和存在了。"③ 在关于"网络社会"的研究中，学术界强调要与信息社会、赛博社会、数字化社会、虚拟社会等概念结合起来探讨。对于网络社会的认识，一种是把"网络社会"局限在"虚拟的空间"里，认为它只是人们的一种交流模式；另一种是把"网络社会"与"社会"的概念进行类比，认为它是一种全新的社会形态。事实上，网络社会与传统社会有着不可割裂的关系，"网络社会是在以计算机和互联网技术为代表的信息技术推动下产生的新的社会形态。它不是孤立的社会形态，而是传统社会在新时代的进化；它既保留传统社会的一部分，又体现出完全不同的特点"，由于"网络社会"正在形成、生长、发展变化之中，学术界还应当继续关注对于"网络社会"概念的探索。网络社会的特征，有学者认为是数字化、开放性、虚拟性和自由性；而有的学者对数字技术发展导致的人类社会重构的特征进行了如下概括：国家逐步让位于电子社区、社会控制的紊乱与重组、社会分层将重新界定、社会互动的内涵扩大、经济发展高速增长等。比较普遍的观点认为"虚拟性"是网络社会最重要的特征。从网络社会的存在

---

① 转引自刘少杰《面对新社会形态的当代社会学》，《天津社会科学》2013 年第 5 期，第 68~73 页。

② 转引自曾长秋、万雪飞、曹挹芬《网络内容建设的理论基础与基本规律》，人民出版社，2017，第 165 页。

③ 转引自曾令辉《虚拟社会人的发展研究》，人民出版社，2009，第 28 页。

看，网络社会是现实社会的"延伸"，并"依存"于现实社会；从现实社会的角度审视，网络社会不是现实社会的"翻版"。

网络社会理论对网络思想政治教育有很强的借鉴作用。当前，高校网络思想政治教育必须密切关注网络社会的发展，要超越网络的工具性层面而站在网络社会的角度来开展研究和实践，认清网络思想政治教育所处的环境，把握教育者和受教育者网络互动的社会关系，分析思想政治教育在虚拟空间的运行过程，在网络社会中给思想政治教育以准确定位，从而有效发挥网络思想政治教育的作用。

三　文化学理论的借鉴

文化包含了物质、制度、精神等层面，反映在人类的活动中就是一种生活方式。文化学是研究文化现象或文化体系的科学，主要探讨文化现象的本质、起源、传播、演变、结构、功能、个性和共性、特殊规律和一般规律[①]。网络文化是网络环境中人类全新的生活方式，先进网络文化的建设有利于人们适应网络社会的生活，并在网络中全面成长。高校网络思想政治教育要借鉴文化学的相关理论知识，把握网络环境中人们的思想、行为特点，推动先进网络文化建设和管理。

（一）文化内涵理论

广义的文化指社会物质财富和精神财富的总和，它是人类改造自然和社会的成果。狭义的文化指意识形态所创造的精神财富，如风俗习惯、信仰、道德情操、文学艺术、学术思想、各种制度、科学技术等。思想和理论是文化的核心和灵魂，是人们对伦理、道德和秩序的认定与遵循，是人们生活生存的方式方法与准则。网络文

---

① 吴家清：《文化认识论导论》，《江汉论坛》1994年第6期，第63~69页。

化也是一种全新的生活方式。文化这一概念的内涵相对丰富，有关文化结构的研究也形成了诸多成果，其中，两分说将文化分为物质文化和精神文化；三层次说认为可以从物质、精神、制度三个层次来理解文化；四层次说将风俗习惯、思想与价值也作为文化的层次，将文化视为由物质、风俗习惯、制度、思想与价值构成的系统；也有研究者将文化视为由物质、精神、社会关系、艺术、风俗习惯、语言符号六个子系统构成的大系统。一般而言，人们倾向于将文化分为物质文化、精神文化、社会文化三方面。物质文化主要包括物质生产工具、房屋家具、交通工具以及衣饰与饮食等。精神文化包括文学艺术、哲学、科技知识、思想、价值观念、信仰等。社会文化主要指生产方式、风俗习惯、人际关系、社会制度、价值观念、行为模式、道德标准等。

文化具有多种特征。①时代性和民族性。文化不是一成不变的，文化的形态会随着社会的变迁而变化。不同历史时期、不同民族都会形成独特的文化。②功能性。由于文化归根结底是人们的生活方式，并集中地表现为人们的行为规范，因此，文化能在人们改造客观世界的过程中发挥能动作用。有怎样的文化，就有怎样的行为规范，就会有怎样的文化功能和文化效用。③继承性。一定历史时期的文化总要在继承以往社会文化的基础上发展，而不可能脱离人类文明发展史的大道。④模式性。文化就其动态而言，是指社会的生活方式，体现为人们的风俗、习惯、行为、价值观念等，其是人类群体（包括家庭、民族、社会）共同享有的一种生活方式，而不是某一个人独享的生活方式。

由此可见，文化在社会群体中表现出来的就是一种生活方式和行为方式。随着网络渗透进人类生活的方方面面，网络文化成为人们一种全新的生活方式。高校网络思想政治教育要立足网络文化，通过深入研究学生的生活方式来展开。

（二）文化功能理论

文化是人类社会的灵魂，在人类社会处于核心地位。文化的功能可以表现为以下几方面。

（1）教化功能。文化中包含着理想、道德规范、目标和法律制度等内容，能够对社会成员的观念、态度、行为产生引导作用。文化能够培育和塑造人的思想政治素质，引导人成为合格的社会成员。

（2）传承功能。文化能够复制、传播社会信息，促进人与人之间的交流，推动知识的传承与创新。

（3）凝聚功能。文化能够引导人们形成民族归属感和社会认同感，从而增强民族凝聚力。文化对人们会产生同化作用，为他们的价值观、审美观、是非观、善恶观涂上基本相同的"底色"，也为他们认识、分析、处理问题提供大致相同的基本点，进而化作维系社会、民族生生不息的巨大力量①。

（4）文化具有对社会和人的活动进行调控的实践功能，进而促进着社会变革。文化不仅包含着这个社会"是什么"的价值支撑，而且也蕴含着这个社会"应如何"的价值判断。文化的发展能够促进社会制度的更替。任何社会形态的文化，本质上不只是对现行社会的肯定和支持，而且包含着对现行社会的评价与批判。文化批判不是一种简单的否定方法，而主要是一种价值指向性的反观自照。人们正是通过对制度的文化批判性的反思活动，来寻找制度创新的深层原因，在此基础上去寻求制度创新的突破口，以此来推动制度文明的发展。

（5）文化支撑着经济发展。在经济活动中，其产品的文化含量越高，在市场中实现的经济价值就越大。文化能够提升经济的竞争

---

① 民进新疆区委会专题调研组等：《新疆文化强区面临的挑战和实现路径探究》，《新疆师范大学学报》（哲学社会科学版）2013 年第 1 期，第 1~13 页。

力。受发达国家"文化霸权"的影响，提升文化软实力已成为我国面临的一个紧迫问题。"一个国家是存在两种实力的，一种是硬实力，一种是软实力。硬实力通常是指国家的 GDP、硬件设施等，而文化、制度、传媒等被称为软实力。"① 我们党和国家已经把提升国家文化软实力作为实现中华民族伟大复兴的新的战略着眼点。

对文化功能的理论认识，尤其是对文化传承、文化批判、文化培育、文化软实力等问题的探讨，对高校网络思想政治教育明确自身的任务和内容都有直接的借鉴作用。高校网络思想政治教育需增强时代意识和责任意识，积极建设并传播先进网络文化，引导学生在健康的文化氛围中形成社会所需要的思想政治品德。

（三）网络文化理论

网络文化是文化发展的新形态。作为一种新生事物，网络文化反映了一种全新的生活方式。当前，网络技术不断更新发展，网络社会也不断成熟，并且还在不断进步，网络文化的形式和内容也日益丰富多元。一般而言，网络文化是人们在网络环境中，进行工作、学习、交往、沟通、休闲、娱乐等所形成的活动方式及其所反映的价值观念和社会心态等方面的总称，包含人的心理状态、思维方式、知识结构、道德修养、价值观念、审美情趣和行为方式等方面。

关于网络文化的研究成果颇多，关于网络文化的特性，有学者认为，相对于传统的农业文化、工业文化，网络文化的特点非常鲜明，网络文化是知识海量性的文化，是充分释放人类情感的文化，是价值多元化和信仰复杂化的文化，是具有巨大包容性的文化，是具有更新的快捷性的文化。有的学者认为网络文化是补偿性文化、

---

① 《中国未来走向》编写组编《中国未来走向：聚集高层决策与国家战略布局》，人民出版社，2009，第 226 页。

极端性文化和大众性文化。有的学者认为网络文化需要以计算机、通信等技术为支持；对人的需求的挖掘与满足是网络文化发展的内在推动力；网络文化具有共享性、时空交叠性、开放性（互动性）、匿名性、参与性、平等性等特点；网络文化中个性与原创受到重视，各类小众群体日益增多；普通网络民众也逐渐成为信息的发现者、传播者与分享者，其网络文化建设主体的地位与功能日益凸显出来；网络文化被广泛地认为具有更新人类文化生存方式的重要作用。有的学者认为网络文化以高科技为基础，具有虚拟性、交互性、开放性、去中心化等特征，认为网络文化是个体自主性的充分表达，是人的创造性被高度激发。

网络文化理论是对网络环境中人们生活方式的揭示，对于高校网络思想政治教育具有重要借鉴价值。首先，网络是人们全新的生活方式，开展高校网络思想政治教育应充分了解学生的思想、行为方式特点，增强教育的针对性。其次，由于网络文化发展不可避免地给人们带来负面影响，因此，高校网络思想政治教育要着力建设先进的网络文化，满足教育对象日益增长的物质文化需要。高校网络思想政治教育须重视对网络文化的研究，深入思考用社会主义核心价值观引领网络文化建设的课题。

四　心理学理论的借鉴

心理学是研究认识、情感、意志等心理过程和能力、性格等心理特征的规律的科学。高校网络思想政治教育主要是通过教育者和受教育者在网络空间的互动来完成的，高校网络思想政治教育工作者在开展教育活动时，必须遵循学生等教育对象的心理活动规律，同时还要了解教育对象在网络空间活动，尤其是进行网络互动和交往时的心理特点及行为模式，这样才能与之形成有效的互动，进而给予其正确的引导和有效的帮助。借鉴心理学的理论知识，对于高校网络思想政治教育实践和理论研究意义重大。

（一）心理认知理论

认知，是指人认识外界事物的过程，即对作用于人的感觉器官的外界事物进行信息加工的过程，它包括感觉、知觉、记忆、想象、思维和语言等。人脑接受外界输入的信息，经过人脑的加工处理，转换成内在的心理活动，进而支配人的行为，这个过程就是信息加工的过程，也就是认知过程[①]。认知心理学把认知过程看成一个信息加工过程。这一过程包括信息的获得、编码、贮存、提取和使用等一系列连续的认知操作阶段。认知理论认为人类具有认知的积极性、主动性，人的认知结构在获得知识的过程中能够发挥作用。个体的认知方式是在长期的认知活动中形成的稳定的心理倾向，它表现为对一定的信息加工方式的偏爱。研究高级的认知过程，有助于把握认知发展规律，提高人们的学习能力、问题解决能力、决策能力。心理学领域对认知的研究揭示了人们获得、理解、使用信息的过程及内在规律，为研究高校网络思想政治教育问题提供了有益借鉴。我们应该借鉴认知理论知识来开展高校网络思想政治教育，深入了解受教育者的上网需求，引导受教育者在网络海量信息中作出正确选择。同时要注重选用有效的教育方法，积极建设红色网站，为教育对象提供先进的网络文化内容，提升其思想政治素质。

（二）心理过程理论

心理学研究的对象是人的心理现象，心理现象是心理活动过程和个性心理的统一体。心理活动过程指人的心理活动发生、发展的

---

① 范东凯、曹凯：《驾驶员风险认知能力对交通安全的影响》，《中国安全科学学报》2010年第11期，第30~35页。

过程，它由认识过程、情感过程和意志过程所构成。认识过程是感性认识到理性认识的发展过程，它也是人对客观事物的不同水平、不同程度、不同方面、不同层次的认识过程。情感过程指人们在认识事物的过程中形成态度并产生爱、恶及喜怒哀乐等情绪体验的过程。意志过程表现为人们以认知为基础，在情感的作用下，遵循事物发生发展的规律，自觉地明确目的、制订计划、克服困难、调节行动以实现目标的过程，这一过程能够使客观事物朝着我们所期望的方向发展。意志充分体现着人的主观能动性。心理活动过程反映了人类心理活动的一般特征和共同规律。"需要理论"能够帮助教育者认识到满足受教者需要的重要性，从而引导受教育者形成高级需要；"动机理论"可以启发教育者关注并激发受教育者的兴趣、信念等内在驱动力这一问题。心理学注重认知、情感和意志训练相结合形成完善的个性和品质，思想政治教育历来坚持的引导受教育者思想品德提升的"晓之以理，动之以情"等原则就是借鉴于此。开展高校网络思想政治教育活动也要把对教育对象的认知、情感和意志训练相结合。这就要求教育活动贴近受教育者的心理需求，从其心理需求出发建设红色网站，建立共有的精神家园。同时，要激发受教育者对网络先进文化的兴趣，引导其形成崇高的信念。此外，教育者应当优化话语体系，保持与受教育者网络话语体系的同步。将认知、情感与意志相统一，才能让受教育者形成正确认知，增强情感认同，真正地愿意并且积极在教育者营造的先进网络文化氛围中吸取营养，完善个性，养成符合社会要求的思想政治品德。

（三）人际交往理论

人际交往理论是心理学的基本理论。尽管社会学研究中也关注交往理论，但社会学对交往的研究相对宏观和宽泛。而心理学对交往的研究则更加微观。心理学领域对人际交往的研究更关注个人在交往中的愉悦和成长。人际交往是人与人之间心理接触或直接沟通、彼此相互认知的过程，它是人类基本的行为。人际交往具有获得信息、人际协调、交流感情、促进自我意识发展、保持心理健康及促进个体社会化等功能。交往是人类特有的存在方式和活动方式，是人与人之间发生社会关系的一种中介。人始终是社会的人，人的存在与发展离不开人际交往。网络交往是网络环境中人们生存的基本行为。网络提供了人际交往的特殊空间，从时间和空间上改变了传统的人际沟通方式，形成了许多独特的观念、准则，决定了网上人际交往不同于现实社会生活的新特点。网络人际交往可以不断扩大交往范围，帮助人们获得更多信息。网络交往具有开放性、自主性、多元性、间接性、随意性、虚拟性、广泛性、平等性、匿名性等特点，网络交往也容易使人们在其中的交往行为失范、人际情感疏远和产生信任危机，这对人们的思想政治品德形成也会带来影响。高校网络思想政治教育对网络交往要有更全面的认识，并对网络环境中人们沟通交流的方式和心理动因有更清楚的了解，从而正确地引导学生在网络环境的人际交往活动中健康成长。

五　教育学理论的借鉴

教育学是研究教育现象，揭示教育规律的科学，它主要探讨教育的一般原理，是整个教育科学体系中的基础学科。思想政治教育是一种教育活动，但有其独特的规律。思想政治教育是对全社会所有人进行的思想教育，而教育学主要研究的一般是学校教育。高校网络思想政治教育要借鉴教育学的理论知识，将教育学的一般规律和原则与思想政治教育实践相结合，明确教育者和受教育者在网络环境中的角色定位和在教育活动中的地位，选择有效的教育方法，更好地完成提升受教育者思想政治品德的教育任务。高校网络思想政治教育对教育学理论知识的借鉴反映在以下两个方面。

（一）教学模式理论

教学模式是教学论研究中的重要概念。研究课堂教学模式有助于人们把握教学关系，优化教学活动。教学模式的方法论研究为高校网络思想政治教育工作者全面认识教育对象、提高教育效果提供了方法论指导。常见的教学模式有以下几种。

（1）示范—模仿模式。该模式是指教师有目的地把示范技能作为有效的刺激，向学生讲解、示范，引导学生进行参与性的练习，使学生通过模仿来学习和掌握知识技能。高校思想政治教育工作者在开展网络思想政治教育的过程中，也可以借助做引导舆论的"网评员"、上网撰写"博客"等形式，对受教育者进行示范教育，引导其通过模仿选择正确的网络行为。

（2）传递—接受模式。该模式强调教师在教学中的指导作用，注重树立教师的权威，以传授系统知识、培养基本技能为目标。这一模式强调了先进思想不可能从受教育者的头脑中自发产生的道理。尽管网络使得教育者的权威性下降，但是网络思想政治教育工作者仍然要发挥"把关人"的作用。积极建设先进文化，占领网络阵地依然是网络思想政治教育一项长期任务，教育者需要改变传递先进文化的方式和方法，守好网络阵地。有关传递—接受模式的研究成果对高校网络思想政治教育仍然有借鉴意义。

（3）情景—陶冶模式。该模式是指在教学活动中创设情感和认知相结合的教学情境，通过调动学生的无意识心理活动和情感来加强有意识的理性学习，营造轻松愉快的教学气氛，引导学生从中获得知识、陶冶情感。常见的有"快乐教学""情境教学""成功教育""情知教学"等模式。高校网络思想政治教育可以充分发挥网络传播多媒体的特性，有效运用寓教于乐、情景再现等方法，使教育内容贴近受教育者的需要和兴趣，以"润物细无声"的方式增强教育活动的实效性。

（二）建构主义教育理论

建构主义教育理论反映了现代教育学研究的新进展。该理论认为知识是学习者在一定的情境下，通过意义建构的方式获得而不是通过教师传授的方式获得。知识的获得也需要借助其他人如学习伙伴和教师的帮助，且利用必要的学习资料。建构主义教育理论强调学生应主动探索知识、主动发现和建构所学知识的意义，其理论核心是以学生为中心。传统教学主要强调"教"而非"学"，相对忽略了学习者的认知主体作用，这也是传统教学效果不佳、达不到学习目的的原因所在。建构主义教育理论主张将教育研究的关注点由"教"转移到"学"的过程上来，认为学习不是通过教师把知识简单地传递给学生，而是学生自己主动建构知识的过程。建构主义教育理论的内容包括如下几方面。

（1）重新定位教师与学生的角色。建构主义教育理论将教师的作用从传统传递知识的权威转变为引导学生学习的辅导者。基于此，教师成了学生学习的合作者、高级伙伴。这就要求教师努力成为学生建构知识过程中的帮助者和引导者。在学生的求知过程中，教师的知识定位不再只是拥有"一桶水"或"自来水"，而是促使学生去建构知识的"支架"。在建构主义教育理论的视野中，学生的角色是：知识的主动建构者及教学活动的积极参与者，学生必须要学会用发现法、探索法去建构知识的意义。

（2）重塑学生观。建构主义教育理论认为教学活动不能无视学习者已有的知识经验，而简单强硬地从外部对学习者实施知识的"填灌"。因为学习者不是空着脑袋进入学习情景中的，因此教育者要把握学习者获得新知识的生长点——原有的知识经验，注重引导学习者以原有的知识经验为基础，形成新的知识经验。教学应是知识的转换和处理，不能把教学视为知识的传递。教师与学生、学生与学生之间需要经常互动交流，共同探索和解答问题，或者提出一定的疑问，不断交换彼此的意见，以加深了解。

（3）设计全新的教学模式。在建构主义教育理论的模式中，教师是意义建构的帮助者和促进者，教学过程的组织者、指导者，学生应该是知识意义的主动建构者。媒体是用来进行协作学习和对话交流、创设情境的工具，帮助学生主动学习和协作式探索的认知工具，而不仅是帮助教师传授知识的工具。教材所提供的知识是学生主动建构意义的对象，而不只是教师传授的内容。

（4）创新学习环境。建构主义教育理论认为知识是学习者在一定情境下通过意义的建构而获得的。理想的学习环境应当包括情境、协作、交流及意义建构四个部分。知识的获得离不开人与人之间的信息交流与协作及其他帮助。

建构主义教育理论强调创设学习环境及自主学习对学生获取知识的重要性。在网络环境中，教育活动具有开放和即时互动的特征，教育者的中心和权威地位相对减弱，主动自主学习将成为受教育者的学习常态。网络传播的去中心化特性打破了教育者与受教育者之间"你教我学，你传我收"的模式，改变了教育者和受教育者间封闭而线性的角色关系。教育者和受教育者共同成长的双向互动取代了"你教我学"的单向传递。创设有效的网络教育环境并营造教育学习氛围，比单纯强调教育过程的展开更为重要。建构主义教育理论对于全面剖析网络思想政治教育过程，设计网络思想政治教育模式具有直接的借鉴作用。

第二章 高校网络思想政治教育的
发展历程及特点

网络与高校思想政治教育紧密关联，其不仅能拓宽高校思想政治教育实践育人载体，加速高校思想政治教育知识、价值传播，而且还可以不断满足高校思想政治教育互动交流需要，赋能高校思想政治教育取得最佳效果。高校作为培养社会主义合格建设者和可靠接班人的主战场和前沿阵地，其网络思想政治教育的发展经历了起步、发展、深化三个阶段，并逐步呈现主客地位变化、育人载体转换、工作方法转变、数据精准应用等发展特点。

第一节 网络与高校思想政治教育的关联

网络已成为高校思想政治教育信息的新载体，它以一种全新的信息传播方式加速了思想政治教育的知识、价值传播，网络互动平台更好地满足了思想政治教育工作者和受教育者之间双向互动的需要。网络的技术特性有利于促进高校思想政治教育获得最佳效果，网络与高校思想政治教育的关联日趋紧密。

一 拓宽高校思想政治教育实践育人载体

载体是思想政治教育系统不可缺少的重要组成部分。实现教育目标，实施教育内容，运用教育方法，促进教育主体和教育对象间的互动，完成教育任务等，都离不开一定的载体。思想政治教育网络载体的作用，就是通过网络向人们传播正确、丰富、生动的思想政治教育信息，引导人们养成符合时代需要的政治观点、思想观念、健康的精神状态及道德规范。思想政治教育载体是指能为思想政治教育主体所运用，且能够承载、传导思想政治教育因素，促进主客体相互作用的一种思想政治教育活动形式。如理论学习、开会、管理工作、谈话、文化建设、精神文明创建、大众传媒等，都是思想政治教育的载体。教育者正是借助这些载体对教育对象进行教育并与之双向互动，从而达到一定的教育目的的。

网络思想政治教育载体与传统的载体有所不同，其呈现出很多新特征。①网络提供的信息量相对较大，丰富了教育内容，给人们提供了更多选择。②依托多媒体技术，教育内容的形态由静态变为动态，从平面化走向立体化，从现实时空向虚拟时空拓展。③教育信息容易受到淹没。教育信息在网络空间中可能受到其他信息的干扰，导致人们无法有效地向教育者提供思想政治教育信息。④文化与科技含量较高，历史文化知识和现代科技信息中都隐含着教育信息的政治性本质。⑤信息已超越了地区和国家的界限，使得各类先进的、落后的、积极的、消极的、健康的、颓废的信息在网上广为传播，推动思想政治教育内容多样化。

通过网络这一载体进行思想政治教育，可以扩大思想政治教育的覆盖面和影响力，使大批大学生网民在网络获得广泛的社会信息的同时，接收思想政治教育信息，受到思想政治教育的影响，从而不断提高思想道德素质。而且，"这种思想政治教育并不单单只作用于大学生网民，还作用于教职工等广大人群，并对其它载体的思想政治教育影响构成一种补充和相互作用，从而形成全方位的思想政治教育态势，大大增强思想政治教育的影响力和有效性"①。

① 徐建军：《网络与思想政治教育的关联》，《现代大学教育》2009 年第 5 期，第 58~60 页。

二 加速高校思想政治教育知识价值传播

从传播学角度看，思想政治教育是阶级社会的一种特定的社会信息传播现象和活动，是以思想观念、政治观点、道德规范为核心的思想政治教育信息的传播行为和过程①。

思想政治教育网络信息传播，是教育者运用网络有意识、有目的地对受教育者施加影响，通过思想政治教育信息的传递、接收与反馈，以达到彼此共享、互动的社会行为和过程。在此过程中，教育者向受教育者传递信息，是开展思想政治教育活动的起点。教育者传递信息之后，该信息如果能被受教育者所接收并接受，那么他们之间就实现了信息共享，即教育者对信息的独享变成了教育者和受教育者的共享。在思想政治教育过程中，教育者并非无目的地开展教育活动，而是有目的地向受教育者施加影响，从而向其传递社会主导价值观念，使受教育者形成与社会主导价值观相一致的个人价值观。

网络信息传播与传统的思想政治教育信息传播具有很大差别，前者具有鲜明的优势。网络信息传播有利于更好地传播思想政治教育价值观念和知识。网络信息传播能够形成传播优势的原因在于以下几方面。①感染力更强。网络信息传播集声音、图像于一体，其能提供色彩鲜艳的图片、活泼的立体动画、悦耳的音乐及仿真画面，可以给人营造身临其境的感觉，提高对人的影响力。②吸引力更大。网络信息传播将多媒体信息集为一体，能够最大限度地调动学生获取信息的参与性、主动性，充分激发学生的想象力、求知欲。③覆盖面更广。网络信息传播拓展了大学生学习和实践的环境、空间，有助于促进大学生关注社会、关心世界、认识自我，推动个人的社会化，进一步完善自我。④流动性更强。网络信息传播

---

① 李梁：《浅析思想政治教育信息传播及其模式》，《上海大学学报》（社会科学版）2003 年第 2 期，第 78～82 页。

"四通八达"，方便快捷，人们可在任何一个终端，随时高效地获取知识和信息。

但网络信息传播也带来了不同文化和价值观念的冲突。国内外敌对势力和一些别有用心的人，有意识地把网络作为对我国实施西化、分化的新手段。借助网络论坛、聊天室、虚拟社区、新闻跟帖等多种方式雇用网络写手，在网上鼓吹西方的政治主张和价值观，攻击党的领导和社会主义制度；利用热点和敏感话题，传播政治谣言，煽动社会不满情绪，大量制造、传播不良信息，宣传腐朽没落的生活方式[①]。在信息轰炸的背景下，大学生容易失去自律能力、辨别能力，进而沦为网虫、网迷。有的大学生也容易失去理想信念，难以树立正确的价值观念，社会责任感淡薄。对此，我们绝不能掉以轻心，等闲视之。

三　满足高校思想政治教育互动交流需要

在思想政治教育中，教育者和受教育者的行为与活动需要互动。这种互动表现在信息传递、接收和反馈的过程中，即体现在教育者信息的传递和受教育者对此能动的接收，受教育者信息的传递和教育者对此能动的接收上。也就是说，思想政治教育信息传递是一个思想观念与情感意识相互交流的过程，这种交流以教育者与受教育者的互动为基础。然而，"以往的思想政治教育采用较多的是单向灌输的方法，硬性地把社会要求的思想观念、道德规范传授给受教育者，忽视受教育者的需求和接受能力，抑制了受教育者接受教育的积极性、主动性和创造性，使受教育者处于从属地位"[②]。

[①]　中共河南省委组织部、中共河南省信阳市委组织部课题组：《信息化发展对党员队伍建设的影响》，《党建研究》2012 年第 3 期，第 31～34 页。

[②]　邓如辛、宋自芳：《网络与大学生思想政治教育》，《当代教育论坛》2006 年第 5 期，第 48～50 页。

网络为人们提供了一个开放的互动平台。网络提供的丰富信息使大学生突破封闭校园的限制，进入了一个宽广的新世界。网络帮助大学生了解到自己以前所未闻的新事物，促进了大学生主体意识的觉醒，并进一步增强其主体性。当大学生形成主体意识，其将积极主动地获取有价值的思想政治教育信息及符合个人需要的知识。此时，大学生不再满足于教育者的灌输，而是希望不断探索新知、解答人生道路上所遇到的心理困惑，化解理想迷惘、感情失落等问题，进一步寻求丰富的精神世界，并主动与教育者进行网上网下的良性互动。对于大学生而言，由于在网络交往中其与他人一般并无直接的利害冲突，大学生可以建立宽松的人际关系。因此，当大学生与交往对象进行思想感情的交流时，不必像日常生活中那样吞吞吐吐或胆怯害羞，反而可以直抒胸臆，这样也容易深化双方的交往层次。同时，网络中人们的角色是可以互换的。在浏览网页、选择和吸收各种思想政治教育信息时，参与者的身份是受教育者，而当参与者主动加入制作网络信息、发布网络信息等实践活动中，主动向外传播信息，表达个人的思想观点和看法时，其身份将会转变为教育者。因此，思想政治教育工作者与受教育者的关系在网络互动平台上会更加融洽，因为二者能够在互动中充分发挥主体性。

正因为如此，从现代传播学角度看，高校网络思想政治教育信息传播活动的主体不仅有教育者，还有受教育者。教育者和受教育者的关系是两个主体相互依存、相互制约的互动过程。

四　赋能高校思想政治教育取得最佳效果

思想政治教育目的和意图的实现程度是检验思想政治教育是否有效、效果如何的主要依据。思想政治教育的效果主要体现在以下三个方面。第一，认知层面的效果，即受教育者对思想政治教育的认知有所改变。当教育者把思想政治教育信息如社会要求的政治观点、思想观念、道德规范等作用于受教育者的知觉和记忆系统时，就会提高其所拥有的信息量，改变其信息内容的构成。第二，心理和态度层面的效果，即受教育者内化和维护社会主导价值。教育者对受教育者的观念和价值体系施加影响，会引起受教育者情绪、感情的变化。第三，行动层面的效果，即受教育者养成良好行为习惯及社会行为范式。

这些变化通过受教育者的言行表现出来，即成为上述三个层面，第一、二层面属"内化"，即"受教育者在教育者的帮助下或在其他社会教育因素的作用下，接受社会要求的政治观点、思想体系、道德规范并转化为自己的个体意识，也是个体不仅真正地相信、接受和遵守社会的思想政治、道德要求，还自愿将这些要求作为自己的价值准则与行为依据的过程"①。第三层面属"外化"，即受教育者将个体意识转化为良好行为，并多次重复良好行为使其成为行为习惯，产生良好的行为结果的过程。三个层面体现了效果形成的不同阶段，从认知到态度再到行动是一个效果累积、深化和扩大的过程。

内化是思想政治教育取得最佳效果的关键。高校促进大学生内化需要推动教育向自我教育的转化。这就要求我们为大学生提供丰富而有价值的教育资料，激发其自我教育的主体性。对思想政治教育而言，网络具有的技术特征能够为其创新教育内容和形式、促进大学生内化提供新契机。①网络的信息传输速度快，网络交往具有隐匿性，这有助于教育者迅速、准确地了解受教育者关心的热点问题以及思想情绪的变化，增强思想政治教育的针对性。②网络信息丰富且可以共享，为开展思想政治教育提供了充

---

① 王攀等：《大学生社会主义核心价值观内化机制研究》，《中外企业家》2013年第14期，第197~199页。

足的信息资源。③网络主体相互平等，其能够自由、平等地交往互动，网络能够促进受教育者与教育者主动对话交流，有助于实现教育向自我教育的转化，增强思想政治教育的实效性。④网络传输具有超时空性，能够有效扩大思想政治教育的覆盖面，拓展教育的社会空间。

此外，网络信息传输和更新的快捷性有助于增强人们的竞争意识、效率观念及创新意识。网络的开放性和超时空性能够引导人们养成多元化观念和全球意识。网络空间的匿名性削弱了外在的约束机制，但也会增强人们的道德自主意识。网络交往的自由性和平等性可以增强人们的权利意识和民主意识。这些观念的形成，对于实现思想政治教育的最佳效果，培养大学生的创造性、自主性、独立性等主体性品质，促进个人全面、协调、和谐的发展具有积极作用。

第二节　高校网络思想政治教育的发展历程

随着互联网的飞速发展，网络思想政治教育作为高校思想政治教育的一种全新形态应运而生。高校网络思想政治教育经历了起步、发展、深化三个重要阶段。

一　高校网络思想政治教育的起步阶段

1994 年 4 月，我国正式迈入了互联网时代，其带来的海量、高速的信息交换，给予人们前所未有的技术震撼。在这一时期，信息搜索与网上冲浪迅速成为广大网民热衷的活动，它们不仅满足了人们获取广泛信息的需求，也推动了社会文化的多元发展。与此同时，互联网的开放性也带来了诸多挑战，尤其是网络信息的纷繁复杂、良莠不齐，使得网络思想政治教育面临着前所未有的困境。比如网民们在网络世界中容易迷失方向，道德观念受到冲击，思想出现迷茫。同时，正面教育的滞后与队伍建设的薄弱更是加剧了这一问题的严峻性。面对这些挑战，高校网络思想政治教育迅速行动起来，开始了积极地探索与实践。从最初的积极跟进、被动应对，到后来的主动出击、占领阵地，再到总结经验、完善提升，高校网络思想政治教育不仅注重技术手段的创新与应用，更注重教育内容的丰富与深化，通过加强网络道德教育、引导网民树立正确的网络观念、提升网络文化素养等措施，有效应对网络信息庞杂、网民思想迷茫等难题，为培养高素质的网络人才作出了积极贡献。在这一过程中，高校网络思想政治教育队伍不断发展壮大，形成了起步建设的阶段性样态特征。

（一）积极跟进、被动应对（1994～1999 年）

积极开展校园网、局域网等网络基础设施建设。面对美国"信息高速公路"建设的新动向，我国政府及时跟进，并积极开展互联网基础设施建设，高等学校和科研机构成为开路先锋[1]。在诸多高校之中，由于经济资源的分配不均及重视程度的不同，其网络基础设施的建设水平显现出参差不齐的现象，整体仍处于初步构建与完善的阶段。为了在网络空间开辟出思想政治教育的新阵地，并实现教育内容的有效传播，思想政治教育工作者们积极创新，将传统的线下思想政治教育内容整理后，迁移至线上平台，并建立起一系列以弘扬主流价值观、传播先进思想为核心的网络站点。其中，一个典型的例子便是 1998 年底，清华大学汽车工程系在局域网内推出的"班级共产主义理论学习主页——'红色网站'"，这一举措为网络思想政治教育树立了新的标杆。

---

[1]　胡树祥、赵玉枝：《网络思想政治教育发展历程及未来趋势》，《思想理论教育导刊》2020年第 6 期，第 128～134 页。

在此之后，各高校也深刻认识到了热门网络应用所蕴含的丰富教育资源，纷纷挖掘其教育潜力。比如通过设立"校长信箱"、"书记信箱"及"辅导员信箱"等互动平台，不仅加强了教育者与学生之间的思想沟通，还及时解答了学生的疑惑，有效引导了学生的思想动态。这些探索性举措，在一定程度上突破了传统思想政治教育的时空限制，也积极回应了当代大学生通过网络获取教育信息的新趋势。然而，面对网络空间中泛滥的负面信息，高校在应对态度上显得相对被动，应对方式单一。为降低网络负面信息的不良影响，高校纷纷将制定网络使用规范、加强网络信息监管纳入工作日程，如出台《校园BBS管理办法》、实施实名注册制度等，以此强化对网络环境的治理。同时，借助"防火墙"等先进技术手段，构建起一道抵御不良信息入侵的坚实防线。对于部分站点或版面出现的具体问题，一些高校采取了直接接管或关闭等严厉措施，以便迅速消除其负面影响。尽管如此，这些措施仍暴露出高校在应对网络负面信息时的不足与局限，这一时期能够主动出击、灵活应对的思想政治教育工作者仍属少数。

（二）主动出击、占领阵地（1999~2002年）

随着互联网的飞速进步，这一技术平台已经稳固地成为思想文化交锋的关键场域，而网络思想政治教育主体主动出击、牢牢把握这一领域的需求也越发迫切。回溯2000年9月，教育部高瞻远瞩地颁布了《关于加强高等学校思想政治教育进网络工作的若干意见》，这一举措标志着高校网络思想政治教育从被动防守到主动布局的重大转变。为积极响应并深入实施这一意见，各高校迅速行动，设立了思想政治教育网络化领导小组等机构，以强化组织领导力，同时完善相关组织架构，确保工作有序推进。依据国家政策法规与自身实际情况，各高校纷纷出台了一系列具体指导意见，如大学校园计算机网络用户行为规范及违纪处理规定等，为思想政治教育网络化工作提供了坚实的制度保障。在具体执行层面，高校详细制定了包含内容构建、阵地拓展及队伍建设在内的全方位网上思想政治教育框架，不仅促进了教育内容的深度融入与广泛传播，还通过加大资金投入力度，有效弥补了网络基础设施方面的不足，为教育工作的顺利开展奠定了坚实基础。

值得一提的是，高校对校园网主页的设计与优化给予了高度重视，通过举办"思想政治教育进网络主页设计大赛"等创新活动，不仅激发了师生的参与热情，而且显著提升了网页的吸引力和教育效果，使受教育者在参与过程中既锻炼了技能，又深化了思想政治认识。同时，高校还着力打造"红色网站"，将其作为弘扬主旋律、传播正能量的重要窗口，充分发挥"红色网站"在引导学生思想、塑造正确价值观方面的独特作用。这一系列举措，有力推动了高校思想政治教育主动融入互联网大潮，开启了教育工作的新篇章。具有代表性的有清华大学"红色网站"、北京大学"红旗在线"、南开大学"觉悟网"、中国人民大学"人大青年网"等。它们秉承"宗马列之学说，承毛邓之精髓，胸怀全球视野，矢志不渝报国"的崇高理念，精心构筑起一座网络上的思想理论殿堂。另外，高等教育机构还不懈探索新闻网站与院系特色板块的思想政治教育潜能，初步构建起以校园网为引领，红色网站、新闻网站及多元院系特色栏目"交相辉映"的网络思想政治教育版图。网络思想政治教育队伍的组建工作已全面铺开，队伍结构日臻完善，汇聚了学生专职辅导员、党政领导干部、思想政治理论课教师、学生骨干及网络技术精英等多方力量。其中，学生专职辅导员与党政领导干部更成为网络思想政治教育工作的中流砥柱。然而，这支队伍还面临着诸如思想政治教育工作者网络技术能力有待提升、思政课教师参与积极性不高、技术人员偏重技术轻视政治导向、学生骨干政治敏锐性与责任心有待加强等问题。针对上述问题，各高校从选拔、聘任到培训等多个环节入手，不断优化队伍结构，强化成员素质与能力建设。众多网络思想政治教育工作者开始摒弃"防、堵、管"的传统思维，转而采取更为开放与偏向疏导的策略，如积极运用电子公告板等平台，及时介入网络舆论，引导正向讨论，解答学生疑惑，从而有效发挥其沟通桥梁的作用。

（三）总结经验、完善提升（2002~2004 年）

历经两年的不懈努力，高校在推动思想政治教育主动融入网络方面已初见成效。为进一步提升网络思想政治教育的成效并弥补其不足，各高校积极反思与总结，旨在优化网络思想政治教育的内容与形式。首先，高校在回顾网络思想政治教育历程时，对构建"红色网站"的战略意义给予高度评价的同时，也正视其面临的挑战，诸如内容吸引力不足等难题。进而，高校采取了针对性改进措施，不再仅仅将传统思想政治教育内容简单移植至网络，而是精心策划富含时代气息、更具感染力和吸引力的内容，以期更有效地发挥思想引领作用。其次，在方式方法上，高校积极利用电子公告栏及各类论坛，密切监测网络舆论动态，开展面向学生的深度沟通与引导工作，确保思想政治教育能够紧跟时代脉搏，贴近学生生活。再次，针对部分高校曾出现的网络思想政治教育与线下教育脱节的问题，高校开始从校园文化建设切入，探索将两者有机结合的路径，以推进网络思想政治教育的理论研究与实践创新。一方面，理论工作者从"网络本质"的视角重新定义了"网络思想政治教育"，将其视为一种"网上双向互动的虚拟实践活动"，这一新认识为网络思想政治教育赋予了更深层次的内涵。另一方面，他们不断拓展研究领域，聚焦于网络思想政治教育内容与形式的创新，催生了一批具有分量与影响力的基础理论成果，如《网络思想政治教育概论》《网络思想政治教育论》《网络思想政治教育研究》等，这些著作为网络思想政治教育的深入发展提供了坚实的理论支撑与指导。最后，高校深刻认识到加强网络思想政治教育队伍建设的重要性和紧迫性，纷纷将队伍建设作为工作重点，致力于提升队伍的专业素养与综合能力，以更好地适应网络思想政治教育的新要求与新挑战。

2002 年 8 月底召开的第十一次全国高等学校党的建设工作会议明确提出，"要高度重视和积极应对网络发展给高校学生思想政治工作提出的挑战，下大力气建设一支网上思想政治工作队伍"。在深入研讨与细致剖析的基础上，这次会议全面审视了当前高校学生思想政治工作所面临的新挑战、新机遇以及亟待解决的新难题。这一全面审视不仅为我们揭示了网络思想政治教育当前形势的复杂性与多变性，更为网络思想政治教育队伍的建设与发展明确了奋斗目标与努力方向。

综合来看，这一阶段的网络思想政治教育发展还是初步的，表现在大部分高校的网络基础设施尚处于起步建设和不断完善之中，思想政治教育网站还较为粗糙且功能单一，专业化的网络思想政治教育队伍尚未形成，而这些都影响着网络思想政治教育的实际效果。为此，各高校也进行了总结和反思，网络思想政治教育要与时俱进，实现自身的创新式发展。

二　高校网络思想政治教育的发展阶段

这一时期是高校网络思想政治教育的飞跃发展阶段。随着互联网技术的发展，扁平化、去中心化的人际互动平台成为新的技术环境，网民在网络实践中交往交流更加便捷，他们强调互动、平等、共享，渴望享受社交平台带来的人际交往的全新体验。网络思想政治教育则面临着教育网站互动性不强、教育内容吸引力不足、网络舆论引导困难等种种难题。为此，这一阶段网络思想政治教育先后经历了推动网站创新、强化平台建设，立足内容建设、实现阵地主导，置身互动社区、深化互动交流几个发展阶段，形成了平等互动的阶段性样态特征。

（一）推动网站创新、强化平台建设（2004~2007 年）

2004 年 8 月，中共中央、国务院在下发的《关于进一步加强和改进大学生思想政治教育的意见》中明确提出，"要建设好融思想性、知识性、趣味性、服务性于一体的主题教育网站或网页，积极开展生动活泼的网络思想政治教育活动，形成网上网下思想政治教育的合力"①，该意见的出台拉开了高校网络思想政治教育进行网站创新、强化平台建设的大幕。

第一，建立思想政治教育综合性网站。2004 年，"中国大学生在线"成功开通，这一综合性门户网站遵照"共创、共建、共管、共用、共享"的原则，充分发挥了网络的宣传、教育、凝聚和引导功能，为开展网络思想政治教育提供了更为强大的平台支撑。"中国大学生在线"以"栏目共建、信息交互、活动联办、服务共享"的方式，精心构建了一系列特色鲜明的校园网络资讯平台、功能完备的网络社区互动平台、实用便捷的数字资源服务平台、生动有趣的校园文化活动平台，并有效传播了深刻而富有吸引力的思想政治教育内容。这些丰富的网络平台极大地激发了大学生的参与热情，通过综合性网站这一媒介，教育主体与对象之间实现了广泛而深入的互动交流与教学资源共享。

第二，积极创新思想政治教育主题网站与网页。作为独具特色的教育平台，这些主题网站与网页拥有其他社会及校园网站难以企及的教育优势。因此，持续提升其吸引力成为我们当前工作的重中之重。在推动网站创新的过程中，必须坚持双管齐下：一方面，高校应加大力度，不断增加思想政治教育主题网站与网页的数量，持续扩大其影响范围；另一方面，高度重视主题网站与网页的创新性，致力于解决平台吸引力不足的问题。例如，通过巧妙运用网站

---

① 《十六大以来重要文献选编》（中），中央文献出版社，2006，第 184 页。

色彩与色调来凸显"红色主题"，并在栏目设置中增设"团校""先锋论坛""青年校友"等特色栏目，以此彰显主题网站的独特魅力，进一步提升其吸引力。

第三，深入挖掘门户网站、新闻网站及学生网站在思想政治教育方面的潜力。作为校园网站的重要组成部分，高校在推动这些网站创新的过程中，必须始终秉持综合性、交互性与人性化的原则，将思想政治教育巧妙融入其中。在新闻网站的创新实践中，要尤为注重主流意识形态的宣传，同时生动呈现党建工作、学生工作及校园文化等方面的新闻报道，使新闻网站成为寓教于乐的思想政治工作新阵地。通过将门户网站、新闻网站及学生网站的创新发展与思想政治教育紧密结合，网上思想政治教育的覆盖范围与影响力得到了进一步巩固与扩大。

（二）立足内容建设、实现阵地主导（2007~2009年）

推动网站的创新发展，为网络思想政治教育的深入实践铺设了坚实的硬件基石。在此基础上，进一步强化网站的内容构建，无疑是确保思想政治教育在网络空间占据主导地位的核心要义。

2007年4月23日，中共中央政治局召开会议，研究加强青少年体育工作和网络文化建设工作，会议强调："大力发展中国特色网络文化，加强网络文化建设和管理，充分发挥互联网等信息网络在我国社会主义文化建设中的重要作用。"[①] 这为思想政治教育网站的内容建设指明了方向。将网站内容的创新性建设确立为核心发展路径，不断强化思想政治教育在网络空间的主导地位需要高等教育机构灵活调整网络思想政治教育策略，从单纯强化思想政治教育网站的综合功能，转向深耕教育内容创作的质量、加速内容更新的频率、拓宽内容共享的范围。为此，我们确立了"深耕内容更新，铸

---

① 《研究加强青少年体育工作和网络文化建设工作》，《人民日报》2007年4月24日。

就宣传精品"的网站核心理念，以此为指导，精心策划并开展网站的日常运营工作。在内容呈现形式上，力求打破传统文字叙述的局限，巧妙融合图像、声音、色彩等多元媒介元素，以视觉与听觉的双重冲击，赋予教育内容更强的吸引力和感染力。这不仅能够丰富用户的阅读体验，还能有效提升教育的渗透力和影响力。此外，将校园文化视为网站内容建设的重要支柱，积极策划并举办网络文化建设优秀成果创作活动，可以营造积极向上的网络文化氛围，引导教育对象在潜移默化中接受正面价值观的熏陶。对此，我们大力倡导文明上网的良好风尚，相继推出"网络文化月""网络文明绿色行动"等系列活动，充分发挥网络文化活动的育人功能。

为了进一步推动和支持高校网络文化建设的蓬勃发展，教育部也积极行动起来，定期组织网络文化成果评选活动，将评选出的优秀校园网络文化作品结集出版，为各高校搭建了一个相互学习、交流借鉴的宝贵平台。这一举措不仅展示了高校网络文化建设的丰硕成果，更为推动网络思想政治教育工作的深入开展注入了新的动力。第一，充分利用社交平台的广阔舞台（网络），以深化教育主体与对象之间的沟通与互动。鉴于社会性网站正以前所未有的速度蓬勃发展，网络思想政治教育覆盖的范围已远远超越了传统校园网站的范畴。因此，网络思想政治教育工作者必须与时俱进，积极拥抱社交平台这一新兴工具，以此作为开展教育引导工作的新阵地。为了鼓励高校思想政治理论课教师运用博客、校园 BBS 等开展大学生网上思想政治工作，高校应出台相关的制度和办法，将思想政治理论课教师利用博客开展网上思想政治工作纳入考核内容，以此来增强高校思想政治理论课教师的积极性①。第二，在队伍建设方面持续深耕，不仅要扩大规模，更要优

---

① 胡树祥、赵玉枝：《网络思想政治教育发展历程及未来趋势》，《思想理论教育导刊》2020
年第 6 期，第 128~134 页。

化结构，着力提升队伍的整体素质。各高等教育机构应精心挑选出一批政治立场坚定、理论功底深厚，且熟悉网络语言风格的人才，组建起一支高素质的网上评论员队伍。他们需擅长运用网络语言这一独特工具，在师生频繁访问、关注度极高的新闻网站、门户网站及互动平台上，积极主动地与师生们展开深入对话与交流，从而营造积极健康的网络交流氛围。与此同时，网络意见领袖的作用亦不容忽视。高校应积极吸纳网络版主、知名网络人士、网络"大V"等具有广泛影响力的群体加入队伍，借助他们的力量，在网络舆论场中发挥思想引领的积极作用，共同维护网络空间的清朗与和谐。为确保网络思想政治教育队伍建设的稳步推进，中央层面给予了高度重视，并致力于完善相关机制，主要通过定期开展选拔、培训及考核工作，不断为网络思想政治教育骨干人员充电赋能，提升其专业素养与综合能力，从而确保整个队伍能够紧跟时代步伐，适应网络思想政治教育的新要求，为培养德智体美劳全面发展的社会主义建设者和接班人贡献力量。

（三）置身互动社区、深化互动交流（2009~2012年）

随着博客、SNS互动社区、微博等社交平台的迅猛发展，众多大学生纷纷涌入这些社会性网站，高校也紧跟时代步伐，积极拓展教育空间，充分利用网络新媒体与互动社区，深化网络思想政治教育工作。

首先，广泛采用QQ（群）、微博等社交网络工具，拓宽了网络思想政治教育的覆盖面。例如，高校辅导员在人人网上实名注册账号，积极分享教学资源与思想见解，使之成为辅助思政课教学的重要平台；高校则通过开通官方微博，进一步拓宽了育人的网络阵地；同时，各高校利用手机载体强化舆论宣传，构建手机短信文化等，这些举措不仅让网络思想政治教育的引导工作覆盖范围更广，也更加游刃有余。为进一步增强网络空间的规范性，净化教育环境，相关部门也加大了对博客、播客、网络视听等领域的监管力度，颁布了一系列有针对性的网站发展规范条例。其次，积极创建具有鲜明教育特色的新型网络社区，以推动网络思想政治教育的深入开展。高校全力开展"易班"等网上平台的建设与思想政治工作探索，将"易班"建设与大学生成长需求、日常管理、辅导员队伍建设等紧密结合，通过多种形式的线上线下互动，将教育主客体之间的互动对话推向新高度。特别是"易班"平台上的班组模式，打破了传统课堂学习与交流的局限，被创新性地应用于辅助思想政治理论课的教学之中，既展示了丰富的教学内容，又便利了教育主客体的线上交流。

综上所述，当前阶段的高校网络思想政治教育通过增强教育网站的互动性、组织丰富多彩的网络活动以激发教育对象的参与热情，以及构建网络教育社区以深化主客体之间的交流等路径，逐步构建起了平等互动的新型教育主客体关系及其教育模式。同时，随着网络思想政治教育的影响力从校内延伸至校外，其覆盖面日益扩大，对教育内容与方法的新需求也日益增长，这必将推动网络思想政治教育不断迈向新的发展阶段。

三　高校网络思想政治教育的深化阶段

在这一阶段，网络思想政治教育与互联网新技术实现了深度融合，其影响力已广泛渗透至网民日常生活的每一个角落，展现了前所未有的辐射力。然而，随着网络环境的日新月异，网络思想政治教育也面临着多重挑战，网络信息的碎片化趋势日益加剧、网民的精神需求持续攀升，要求教育内容与形式不断创新；同时，如何进一步加快教育与网络新技术的融合发展，也成为亟待解决的新课题。针对这些挑战，高校网络思想政治教育工作者积极应对，从最初开辟移动平台，实现信息的即时传递与广泛覆盖，到逐步推动教育与新技术的深度融合发展，显著增强了教育的渗透力和引导力。在这一过程中，高校网络思想政治教育始终坚持以学生为中心，不断探索适应新时代要求的教育模式和方法，力求在纷繁复杂的网络环境中，为广大学生提供更加丰富、多元、有效的思想引领和价值引导。

（一）开辟移动平台、实现全面覆盖（2012~2015 年）

在 2012 年这一历史节点上，移动互联网迎来了蓬勃发展的黄金时期。此后，得益于 4G 移动互联网技术与智能手机的双重推动，一个"无缝连接、随时随地"的互联网环境悄然形成。为了顺应这一时代潮流，网络思想政治教育积极投身于与移动互联网的深度融合之中，力求实现教育影响力的全面覆盖。在这一背景下，网络思想政治教育平台积极寻求与移动互联网的深度融合，推动其向"两微一端"（即微信、微博及移动应用客户端）转型。一方面，随着移动互联网与智能手机的广泛普及，移动客户端已然成为公众获取信息的主要窗口。鉴于此，高校迅速响应，积极推动网络思想政治教育平台向移动端延伸，旨在打破时空限制，实现教育者与教育对象之间的即时互动，从而不断扩大网络思想政治教育的即时影响力与覆盖面。另一方面，网络思想政治教育积极探索与微信、微博等即时通信工具和社交类媒体的融合路径。为了适应网络新媒体与社会舆论环境的快速变化，高校主动构建起了多维度、立体化的微博矩阵，将其打造成为网络思想政治教育工作的新型交流平台。校领导、教学名师、辅导员等纷纷入驻微博，利用这一平台开展网络思想政治教育，有效拓展了教育的广度与深度。同时，高校还深入挖掘新媒体在文化传播中的独特优势，依托微信公众号定期向师生推送网络思想政治教育的相关内容与活动信息。这些思政类微信公众号不仅涵盖了高校思想政治理论课的前沿资讯、研究课题、热点话题以及专业文章等，还为从事高校思想政治理论课教学与研究的同人搭建了一个交流与共享的新平台，极大地满足了教育对象对思想信息的需求。

在深化与拓展网络思想政治教育的领域里，应当制定致力于内容生产与供给的创新策略，以确保其无缝融入并高效运作于当下无所不在的网络传播生态之中。而这需要采取以下三大举措。一是积极投身于网络思想政治教育"微"产品的创作中。网络思想政治教育应充分利用微文学细腻入微的笔触、微电影引人入胜的情节、Flash动画生动直观的视觉效果，以及连环画、微图文等多样化、趣味性的媒介形式，来匠心独运地呈现教育的深刻内涵。如此，方能精准对接移动互联网时代下广大网民对于碎片化信息的迫切需求。二是必须将用户体验提升至前所未有的高度。通过深入洞察用户的个性化偏好与需求，量身定制出一系列独具特色的网络思想政治教育产品与服务。这种以用户为中心的设计理念，不仅能够显著提升内容的供给质量，更能有效提高用户的参与感与满意度，从而构建起一个更加和谐、互动的教育生态系统。三是需要注重以贴近学生日常习惯的话语体系来精心打造网络思想政治教育产品。一个道理能深入浅出地阐释清楚，走到哪里都能很快同群众打成一片，讲的话群众喜欢听，写的文章群众喜欢看，这样工作才能实现主动，才能得心应手①。因此，高校应坚持"党言党语、民言民语、学言学语及网言网语"并举，致力于创作出与学生表达习惯紧密相连的"佳作"，匠心打造兼具深度与温度的网络思想政治教育内容。在这一过程中，高校应不断探索和创新网络思想政治教育的内容、形式以及表达方式，力求以新颖独特的方式吸引教育对象的关注，并增强他们参与网络思想政治教育的获得感与满足感。高校应通过不断优化教育产品的品质与呈现方式，努力使网络思想政治教育更加贴近学生实际，更加富有感染力和影响力。

---

① 《全面从严治党理论与实践研究》，人民出版社，2016，第82页。

（二）推动融合发展、增强渗透引导（2015 年至今）

2015 年 7 月，国务院印发《关于积极推进"互联网+"行动的指导意见》，如何面对和适应"互联网+"成为摆在广大教育工作者面前的现实课题。2016 年 12 月，习近平总书记在全国高校思想政治工作会议上指出，"要运用新媒体新技术使工作活起来，推动思想政治工作传统优势同信息技术高度融合，增强时代感和吸引力"①，这进一步明确了网络思想政治教育同新媒体技术的融合发展方向。

在这一阶段，各高校加快新媒体技术与网络思想政治教育类平台、主流媒体平台深度融合的步伐。一是深化思想政治教育类平台与新媒体技术的融合实践。以"易班"为例，作为网络思想政治教育领域的佼佼者，它始终走在技术创新的前沿，通过不断强化与新媒体技术的紧密结合，如创设网络"易课堂""资料库"等共享板块，成功转型为一个规模庞大、开放共享的线上平台，极大地增强了其在校园内外思想政治教育领域的影响力与实效性。二是积极推动传统主流媒体平台与互联网技术的深度融合，以构建"大思政"育人新格局，进一步强化网络思想政治教育的引导力和渗透力。面对教育对象日益增长的精神文化需求，这一时期的网络思想政治教育工作者需继续秉持对优质内容的追求，巧妙融合现实生活元素，借助多样化的文化载体，精准传递网络思想政治教育的核心价值，不断提升其引导力和渗透力。在此过程中，我们应依托强大的专家团队，构建理论研究的"思想高地"，针对思想理论和社会热点、难点问题，邀请知名思政教育专家撰写网络文章，推出一系列深受网民喜爱的网络思政精品，以增强思想政治教育理论的科学性和现实解释力，发挥其在思想领域的引领作用。同时，为了进一步增强

---

① 《习近平谈治国理政》第 2 卷，外文出版社，2017，第 378 页。

网络思想政治教育的渗透力，高校应将思想政治教育融入丰富多彩的校园文化和日常生活之中，通过举办"网络文明进校园""大学生网络文化节""网络宣传思想教育优秀作品评选展示"等网络文化建设活动，让教育对象在参与中潜移默化地接受网络思想政治教育的精神滋养和思想启迪，实现润物细无声的育人效果。

综上所述，当前阶段的高校网络思想政治教育在与互联网新技术的深度融合中，实现了广泛覆盖和品质提升的双重飞跃，对于全面影响日益社会化的教育对象、充分满足其日益增长的精神文化需求具有深远意义。此外，随着互联网技术与大学生校园生活的持续深度融合，网络思想政治教育正迎来更多渗透到大学生生活方方面面的新机遇。

第三节　高校网络思想政治教育发展的特点

网络时代的信息传播速度、范围、密度等，都是传统思想政治教育课堂无法企及的。这些特性应用到高校思想政治教育工作中可以弥补现有工作的不足，提高思想政治教育的效果。高校思想政治教育在新技术手段的协助下实现了更新与升级。在这一网络时代背景下，高校思想政治教育领域正逐步展现出以下五个鲜明的新特点。

一　思想政治教育的主客体地位变化

"教育主体"与"教育客体"这两个概念彼此依存，共同构筑了教育的广阔天地。"教育主体"，这一术语通常被赋予教育者，其是教育实践活动的策划者、引领者以及执行者。教育中主客体的关系，在一定条件下可以相互转化。"教育客体"一般指教育的对象，即受教育者。教育，作为一种精心策划、系统安排且条理分明的社会实践活动，其核心目标在于全面培养与塑造人的潜力与品格。在这一过程中，教师与学生紧密相连，共同构成了教育活动不可或缺的基本框架与核心要素。探讨教师与学生在教育舞台上的角色定位及其相互间的关系，不仅是教育学领域内一个历久弥新的理论课题，更是教育实践中必须直面的现实挑战。

自古以来，教育史上涌现出了多样的理论思潮与实践模式，它们对于如何平衡与协调师生间的关系，提出了各自的见解与策略。而在这些探索与尝试中，有三种观点模式尤为引人注目。第一种是教师占据核心的传统教育模式，这一模式深深植根于赫尔巴特等教育先驱的理念之中。它单方面地凸显了教师的权威地位，对学生的主观能动性视而不见，这样的教育环境难以孕育出学生的自主能力与创造精神。随着时代的车轮滚滚向前，这种模式越发显得陈旧与滞后，无法满足社会对人才全面发展的迫切需求。第二种是以学生为中心的教育模式。这种以杜威为代表的"现代教育"派所倡导的教育模式，则从一个极端走向另一个极端，片面强调学生的学习主动性和选择性，削弱教师的引导作用①。这种模式忽视了人类长期积累与总结的间接经验，往往使学生的学习陷入一种自发性、盲目性的探索过程，同样落后于时代的发展。第三种是"以学生为主体，教师为主导"的观念，其已经深深植根于我国众多教育学教科书之中，成为其主流思想。这一"主体—主导论"的核心理念在于既要淋漓尽致地展现学生的主观能动性，又要充分发挥教师的启迪与引导作用，力求在教与学的双向互动中达到最佳平衡。然而，不容忽视的是，"主体"与"主导"这两个概念在内涵上的微妙重叠，往往使得理论上的完美模式在实际教育过程中遭遇挑战。具体

---

① 华为国：《高校思想政治教育实效性制约因素及模式建构》，《东南大学学报》（哲学社会科学版）2013 年第 6 期，第 122~126、136 页。

而言，当这一观点模式被付诸实践时，一种倾向很容易掩盖甚至抑制另一种倾向，导致教育天平的失衡。最为普遍的现象是教师的"主导"作用被过分强调，以至于在某种程度上凌驾于学生的"主体"地位之上，使得教师成为教学活动中的绝对中心，而学生的自主性被边缘化。这种误解不仅违背了教育以人为本的初衷，也未能真正尊重学生的主体地位。学生作为独立的学习个体，其内在潜能的挖掘与个性的发展应得到充分的重视与培养。他们并非被动的知识接收者，而是能够主动探索、积极创造的主体。诚然，学生在成长过程中确实需要教师的引导与帮助，以获取改造世界所需的知识与能力，但这并不意味着教师可以取代学生的主体地位，成为教学活动的绝对主宰。

网络环境塑造了新型的师生关系，在这样的环境之下教师和学生的角色与地位发生了巨大变化。在当今这个信息、渠道与媒介都呈现出高度多元化特征的时代，传统教育环境的桎梏已被彻底打破。随着知识与信息的爆炸式增长，学生们迫切需要一种能够紧跟时代步伐，并深度契合他们认知需求的知识获取模式。尤其是在高校的教育中一直所遵循的教育主客体之间的界限逐渐模糊起来，师生之间的地位越来越平等。这种新趋势对于作为"知识权威"的高校教师群体来说，是一种全新挑战，如何应对挑战将会影响到高校思想政治教育的效果。面对师生教育关系的新变化，高校应重点关注学生的信息获取渠道和思想动态，要以新的科技和手段为基础，运用网络实现教育效用的最大化。这样的变革要求高校教师善于利用新媒体终端和新技术手段，时刻关注把握社会热点内容和最新思潮，了解学生群体的新鲜思想动态以及新特征，在课堂上和课堂外用新技术手段积极引导学生主动接受正面信息，因地制宜、因材施教对学生进行点对点心理及思想的个性化分析辅导。

网络时代对高校思想政治教育的主体提出了更高的要求，这对高校教师本身来说既是鞭策，也是激励。高校教师作为一种特别的职业，本身就以教书育人为目标，但教书育人的方式不是一成不变的，而是要贴近时代的需要，不断更新和完善。高校教师要主动适应变化、迎合学生需求，用更优质的方式完成教书育人的目标。当今的大学生从生活到学习的方方面面深受网络影响，大学生也适应了这样的生活和学习节奏，逐渐产生了互联网思维。大学生对于新事物有更强的接受能力，乐于也善于接受新事物，因此也期待高校思想政治教育的课堂有新的变化，并用他们喜欢的方式学习。

二　思想政治教育的育人载体转换

网络时代的教育平台发生了具大的变化，各种在线课程，如慕课、智慧树等层出不穷，极大地丰富了教育平台，高校教育的平台也由传统的书本、课堂转移到了互联网、移动终端等。长期以来，传统教育活动局限于狭窄的信息范畴之内，进行着一种线性的、单向的互动流程。随着施教者、受教者、教材及教学空间等关键教育元素相互间的协作与交流步入网络时代。在这个全新的时代背景下，受教育者迎来了前所未有的教育信息盛宴。他们不仅能够接触到更为丰富的教育内容，而且这些内容还具备了前所未有的复杂性和深度。更为关键的是，他们获取这些信息的时间和空间限制被打破了，拥有了更加自由、广泛的学习天地。

在大数据的浪潮、云计算的广阔平台以及人工智能的深刻影响下，教育的传统边界被彻底重塑，演变成为一个全方位、高度流动与包容的领域。这一转变不仅拓宽了学习的空间维度，在深层次上也实现了知识的无缝连接与个性化传递，教育的形式更加灵活，教育的理念更加前卫，教育的效果也更加突出。传统意义上的教育活动发生在学校的物理空间内，链条式的教育分工传递，固定的班级组织与授课内容，让信息数据的产生与分享趋于静止，教育的信息仅在有限的范围内传播和扩散，而且很难实现知识的共享与碎片化的学习。网络背景下的教育活动，可以在任何时间、任何地点以任何形式开展，在当下这个知识膨胀的时代，授课场所并不局限于课堂，学生的学习过程也并不局限在课堂。网状的教育形式与线性的教育形式相比有着巨大的优势，能够相对容易地完成教育的全过程，而且在整个教育的过程中能够有更好的收获和体验。大数据和云计算能够收集学生的学习情况，并且对学习效果的数据进行分析，最终能够实现对教育全过程的把控。高校思想政治教育平台的转变是由时代推动的，符合也贴近时代的需要，能够提升高校思想政治教育的水平与效果，我国已经建立多个思想政治教育平台，其中包含了关于思想政治理论课程的信息、最新的理论和热点内容，以及新要求、新方法等，为高校思想政治教育提供了保障。

三　思想政治教育的工作方法转变

传统高校思想政治教育强调以赫尔巴特的"三中心"（以教师、课堂、教材为中心）为代表的教学理念。在这样的教育理念指导下，产生了灌输式与填鸭式教育，"三中心"教育教学理念的核心，即教育资源和信息的掌控权完全集中于教育者手中，导致了教学过程中教育者与受教育者地位的不平等现象，教育者在整个教育教学过程中占据了主导地位。随着网络、大数据以及人工智能技术的飞速发展，这种局面正在发生深刻的变化。这些先进的技术手段赋予了每个人平等地获取信息资源的机会。通过互联网这一便捷途径，学生们可以轻而易举地获取到他们所需要的信息，这种信息获取的便捷性和广泛性，正是信息爆炸时代所带来的巨大效益。在这样的背景下，如果我们仍然坚持传统的灌输式教育模式，无疑会遭到学生们的反感和排斥。因为学生已经习惯了通过自主学习和探索来获取知识，他们渴望在学习过程中发挥自己的主动性和创造性。而传统的教育模式过于注重教师的传授和灌输，忽视了学生的主体地位和学习需求，显然已经无法满足当前的教育要求。高校思想政治教育主体必须针对大数据背景下在校大学生群体的特点，着力培育开放、互动的教育理念，主动与学生进行互动式的交流，形成高校思想政治教育工作生动活泼的良好局面①。高校思想政治教育是高校育人的重要环节，其他学科的改革已经走在了前列，高校思想政治教育需要紧跟时代的步伐，完成自身的突破。

高校思想政治教育本质上应当是一种深刻的服务精神，它深深植根于为国家、为民族、为社会以及为学生，甚至是为全球服务的崇高使命之中。这种服务的效能，直接取决于高校及教师群体对社会和学生需求的敏锐洞察与精准满足。为了更加贴近学生的真实需求，高校不仅需要深入剖析学生的特性，还需将这些分析置于时代的宏大背景下，赋予其鲜明的时代印记。在这一过程中，大数据分析无疑成为一把强大的钥匙，它能够助力高校全面收集并精准解析各类数据，从而精准对接社会生活的多元化需求。这不仅是大数据时代的独特优势，更为高校思想政治教育工作开辟了一条发现社会与学生真实需求的崭新路径。因此，高校思想政治教育应当积极拥抱服务理念，将需求作为行动的指南针，致力于为学生的健康成长保驾护航，为社会的和谐稳定贡献力量。同时，还应重新审视思想政治教育中的主客体角色定位，深入探究在不同时代背景下，教育主体与客体所展现出的新特质，并充分发挥他们在教育过程中的价值与作用。

以大数据为基础，高校进而增强了思想政治教育工作的针对性和实效性。例如，在应对学生就业需求方面，可以通过大数据分析历史就业形势，为学生提供科学合理的课程选择建议、社会实践指导以及企业实习机会，助力他们掌握踏入社会所需的各类知识与技

---

① 谢志燕：《大数据背景下高校思想政治教育工作创新研究》，《安徽工业大学学报》（社会科学版）2016年第1期，第118~119页。

能。同时，还可以建立学生就业信息数据库，与社交媒体及企事业单位紧密对接，搭建起毕业生与用人单位之间的信息桥梁。然而，网络时代海量且复杂的信息如同潮水般涌来，其中不可避免地夹杂着负面、不健康的内容，对高校思想政治教育工作构成了严峻挑战。面对这一挑战，高校思想政治教育必须牢固树立阵地意识，主动出击，抢占大数据时代网络媒体的高地。高校要将思想政治教育工作深度融合到网络空间之中，充分利用 QQ 空间、微博、微信公众号、抖音等渠道和资源，与课堂教育形成互补之势，构建起线上线下联动的思想政治教育新模式，牢牢掌握网络思想政治教育工作的主动权与话语权。

四　思想政治教育的数据精准应用

大数据是一种前所未有的数据集成形式，通过对海量数据进行分析，人们可获得有巨大价值的产品和服务，或深刻的洞见。近年来，得益于党和国家的高度重视，高校思想政治教育工作紧跟时代步伐，不仅在硬件设施上不断升级，在软件建设上也实现了质的飞跃。这一系列努力不仅推动了和谐校园的建设，还为学生的全面发展奠定了坚实基础，显著提升了高校毕业生的整体素质。

然而，高校也不得不正视思想政治教育工作中存在的一些问题。一是教育理念滞后。传统的"填鸭式"教育模式仍占据主导地位，互动性、服务性、阵地性等现代教育理念尚未深入人心。二是工作方式单一。高校尽管已初步尝试利用多媒体等新兴工具开展教育工作，但在利用微信公众号、QQ 空间、微博等深受学生喜爱的平台开展多元化教育、提升教学成效方面进度尚显迟缓。三是教学内容的更新速度亦显不足。面对信息爆炸带来的海量数据，高校思想政治教育未能迅速适应形势变化，教材中的语言、案例等元素未能紧贴时代脉搏，与学生群体的思想认知和生活经历渐行渐远，从而削弱了教育的实效性。四是科学的评价体系尚不健全，缺乏客观的评价标准和流程，导致创新动力不足，制约了工作的进一步开展。在此背景下，大数据所倡导的思维方式和工作方法为以上问题的解决提供了全新视角。高校应以大数据为引领，创新思想政治教育工作。具体而言，需从转变工作理念入手，运用大数据思维，借助信息化工具和手段，全面收集、深入分析、有效运用与思想政治教育工作紧密相关的海量数据。通过此举，不仅能够增强工作的实效性和前瞻性，还能更好地适应时代需求，开创高校思想政治教育工作的新局面。大数据以其开放性与互动性，以及"量化一切、一切量化"的鲜明特性，强烈呼唤着高校思想政治教育领域的深刻变革。高校亟须从传统的权威灌输式教育模式，转向更为平等且深入人心的渗透式教育模式，以此实现教育方式的根本性转变。随着互联网技术的普及、网络资源的全面开放以及在线教育的蓬勃发展，信息的传递与交流正日益趋向平等与开放，这极大地增强了受教育者的自主性与选择性，从根本上颠覆了学生获取知识的传统路径。

因此，高校思想政治教育必须顺应时代潮流，逐步摆脱灌输式教育的束缚，迈向平等渗透式教育的新纪元。在教学内容的选择上，高校应精准捕捉学生需求，以优化学习体验为核心，紧密贴合互联网及新媒体的传播规律，积极融入网络流行语、鲜活案例等新型教学素材，力求以新颖生动的方式达成思想政治教育的既定目标。同时，在教学手段上，应更加贴近学生喜好，充分利用大数据的优势，依托网络平台，采用更多元化的交互方式，如 GIF 动态图片、短视频等学生喜闻乐见的形式，将思想教育内容巧妙融入其中，使学习过程更加生动有趣。此外，高校还应积极推动教学资源的整合与共享。尽管大数据时代让教师失去了对信息资源高地的独占权，但仍可凭借渠道与平台的优势，成为资源的精心组织者与整合者。例如，将各高校的"优质课程""精品课程"等宝贵资源进行有效整合，并通过学校网站、大学生论坛、微信公众号等多种渠道广泛传播，以扩大教育覆盖面、提升教学效果。同时，还可以利用渠道优势，将优质专家讲座转化为网络教育资源，或组织受学生欢迎的教师与学长通过微博、微信等互动平台，关注学生的成长动态，为他们答疑解惑。在评价方式上，高校也应实现从主观判断向客观评价的转变。评价与考核是推动工作不断创新与改进的重要动力，在大数据浪潮的引领下，评价方式正经历着深刻的变革。首先是将数据视为衡量教学效果的重要手段。针对高校思想政治教育工作难以量化的特性，应积极探索将涉及思想政治教育的各种因素进行具体量化的方法，为教学评价提供科学、客观的标准与指标。通过构建科学合理的评价体系，更加全面、准确地反映学生在思想政治教育方面的真实水平，同时也为教师的考核与工作改进提供有力依据。其次，高校需依托科学方法论，将教育工作的各个维度与环节细化为可量化的指标，进而实施系统性的收集、精准的分类、有序的整理以及深入的剖析。最后，这些宝贵的数据将转化为推动考核体系优化与工作流程革新的强大动力。以思想政治教育为例，其成效不仅体现在课程出勤率的稳定、作业正确率的攀升、社会实践参与度的提升及学生全面发展的展现上，更蕴含于课堂互动的微妙细节之中，如学生举手应答的踊跃、师生交流的频繁，乃至学生自发于网络空间探寻思想政治教育相关内容的频次。这些细微而关键的数据点，均应借助大数据技术的"慧眼"，被细致捕捉并妥善记录，进而转化为助力思想政治教育创新与进步的宝贵资产。唯有如此，大数据的深度融合与广泛应用，方能真正触发思想政治教育的深层次变革，引领其迈向全新的发展阶段。总之，面对大数据时代的挑战与机遇，高校思想政治教育应勇于变革、积极创新，以平等渗透式的教育方式、丰富多元的教学内容与手段、整合共享的教学资源以及客观科学的评价方式，共同推动高校思想政治教育工作的持续健康发展。

步入 21 世纪，国内高校数字化校园建设的步伐显著加快，图书管理、教务管理、门户网站、校园论坛、一卡通消费系统等均已实现广泛应用，信息化水平持续攀升。这一系列成就，无疑为新时代背景下的思想政治教育提供了肥沃的土壤与丰富的数据资源。然而，随着智慧校园建设的深入，以物联网技术为核心的高校信息系统正以前所未有的速度膨胀起来，数据量从 TB 级向 PB 级乃至更高量级飞跃，信息化覆盖范围也持续扩大。面对这一挑战，校园信息化建设必须与时俱进，不断提升自身水平。因此，高校必须加快步伐，构建适应大数据时代需求的校园信息化软硬件体系，为包括思想政治教育在内的各项高校教育创新活动注入强劲动力。在硬件层面，应紧跟物联网与云计算技术的前沿趋势，强化校园无线网络与移动终端服务建设，扩大网络覆盖范围，降低甚至取消上网费用门槛，以便师生更加便捷地接入互联网并享受数据记录与存储的便利。同时，还要提升基础网络设施性能，为网络教学平台提供高速稳定的互联网接入服务，确保师生能够流畅地进行在线学习与交流。此外，还应深化校园一卡通系统的应用与普及，将其服务触角延伸至校园生活的每一个角落，为思想政治教育大数据资源的全面获取奠定坚实基础。在软件开发领域，应当紧密贴合思想政治教育网络化教学的实际需求，持续深耕智慧化网络学习平台、学习成效评估体系以及学习任务管理系统的研发与创新。具体而言，这涵盖了诸如在线作业提交与批改、在线考试系统、个性化在线辅导、详尽的阅读跟踪记录、丰富的教学资源库建设，以及对学生个人学习轨迹的全面跟踪与记录等功能模块，力求将思想政治教育的全过程深度融入大数据的怀抱。

大数据的浪潮，既对高校思想政治教育工作的传统模式构成了严峻挑战，也为其转型升级、创新发展铺设了前所未有的广阔道路。面对挑战与机遇并存的局面，必须精准把握大数据的核心价值，积极利用其强大的预测与分析能力，同时有效过滤负面信息，确保个人隐私得到妥善保护，从而显著提升高校思想政治教育工作的效率与质量。高校思想政治教育能否在网络时代的洪流中破茧而出、乘势而上，充分利用大数据带来的红利，关键在于其能否深刻理解并把握互联网与教育深度融合的精髓。网络环境的兴起，催生了新的教育供需矛盾，对传统教育体制的稳定性提出了考验，但同时也为教育的改革与发展注入了强大动力，预示着教育领域一场深刻的产业变革即将来临。因此，应当从教育体系的各个组成要素入手，深入剖析、积极探索，为高校网络思想政治教育的实践提供富有前瞻性的新思路与新方法，引领其迈向更加辉煌的未来。

第三章　高校网络思想政治教育的
价值与目标

　　作为意识形态工作前沿阵地的高校应深刻认识到网络思想政治教育工作的紧迫性，紧紧围绕巩固马克思主义指导地位、夯实团结奋斗的共同思想基础以及增强中国特色社会主义意识形态引领力这三个目标，培育担当民族复兴大任的时代新人。

第一节　高校网络思想政治教育的价值

　　网络空间是影响青年大学生价值观塑造的重要场域，是高校意识形态风险的放大器、意识形态领域斗争的主战场①。高校网络思想政治教育对于坚持社会主义办学方向，扎根中国大地办大学，维护国家政治安全具有重大意义。

一　维护国家政治安全的内在需要

　　安全是一个国家生存和发展的基础，也是一个国家所追求的最基本的目标。没有安全，便没有一切；失去安全，便失去一切。罗伯特·A.帕斯特认为："国家在追求各种各样的目标中首要和最基

---

① 　许凝、朱俊炜、王逸鸣：《论高校网络意识形态风险的防范化解》，《学校党建与思想教育》2023 年第 3 期，第 78~80 页。

本的目标是安全目标，排在繁荣目标、威望目标、优势目标之前，是其他任何目标的先决条件。"[1] 在冷战时期，国家安全主要包括政治、军事以及经济上的安全。虽然经济全球化带来了国家安全内容的变化，但政治安全始终是其他一切安全的生命线。"因为只有政治是安全的，才能有效地谋求和构建经济、科技、文化、社会、生态等其他领域的安全。没有政治安全，就没有国家的稳定、巩固和强大。"[2] 所以，任何国家都将政治安全建设作为国家发展战略的重要一环。美国将"保持完整的价值观"作为维护国家机构和人民安全的第一位要素。其他国家如法、德、日、俄等也是将国家的政治安全作为必须维护的根本利益之一。那么，对于大多数发展中国家来说，就更需要维护国家的政治安全，为国家的独立和发展提供坚强的保障。我国是共产党领导下的社会主义国家，中国共产党的领导地位是中国近代历史发展和中国人民长期选择的结果。没有共产党就没有新中国。正是在中国共产党的领导下，我们实现了国家独立、民族解放，改变了中国人民被剥削、被奴役的地位，结束了国家的分裂和战乱，有力地维护了中国的政治安全。一旦动摇和取消中国共产党的领导，中国必然陷入政治动荡和社会混乱之中。试想，一个动荡的国家，如何保障本国在国际上的各种利益？同样也不可能吸引投资，加快现代化建设，带领人民创造更加美好的生活。

中国共产党自成立之日起就把共产主义写在自己的旗帜上，在马克思主义的指引下求解中国革命之道路。在革命、建设和改革实践中，中国共产党秉承马克思主义实事求是和与时俱进的理论品质，不断解放思想、求真务实，创造性地发展了马克思主义，形成

---

[1] 罗伯特·A. 帕斯特编《世纪之旅：七大国百年外交风云》，胡利平、杨韵琴译，上海人民出版社，2001，第27页。

[2] 胡象明、罗立：《系统理论视角下政治安全的内涵和特征分析》，《探索》2015年第4期，第81~85、106~108页。

了"毛泽东思想""邓小平理论""'三个代表'重要思想""科学发展观""习近平新时代中国特色社会主义思想"。这些理论成果是指导中国进行社会主义现代化建设的理论武器。但西方国家一直把破坏中国的政治安全、否定共产党的领导、否定社会主义制度和马克思主义在中国的指导地位作为对中国战略的重要组成部分。新中国成立初期，美国就以意识形态划线，将对华政策作为针对社会主义阵营总体战略的一部分，刻意与中国对抗。政治上，依仗其在西方世界中的领袖地位孤立中国，阻止其他国家对中国主权进行承认，将中国排挤出国际政治的舞台。经济上，对中国进行封锁，实行最严格的贸易限制和封锁禁运。军事上，构筑反华包围圈，逼迫中国。这些都严重威胁了中国的政治安全。现如今，在经济全球化背景下，各国相互依赖程度和联系不断加深，共同利益也不断增多，社会主义制度与资本主义制度之间的对立和斗争形势也变得更加尖锐和复杂。以美国为首的西方发达国家"西化""分化"中国的图谋进一步加剧，其主要目的就是要动摇马克思主义在我国意识形态领域的指导地位，企图以西方的政治理论来影响和控制我国民众特别是大学生群体。近年来，其渗透的手段和形式日益隐蔽多样。一是借全球化背景下的文化交流进行渗透。尽管改革开放40多年来我国文化经历了大发展大繁荣，但由于近现代以来的低起点，中西方文化交流实际上是不对等交流，呈现出明显的西强我弱的特点。西方文化向中国的传播，传播内容经过精心包装具有很强的欺骗性，缺乏足够思想保护能力和判断能力的青年大学生极易上当受骗，成为西方思想的俘虏。例如，掩盖了本质而粉饰表象的人文主义、社会福利、民主人权等西方观念，大学生就很难鉴别真伪，很容易受到影响和诱惑，从而在一定程度上相信并接受西方宣扬的价值观、人生观和世界观。二是利用迅猛发展、全面普及的互联网进行渗透。互联网的迅猛发展极大缩短了全球人民之间的距离，使世界各国联系更加紧密，同时也给境外敌对势力对华渗透大开方便之门。三是通过非政府组织出面，借召开学术会议、举办论坛、合作研究、科研资助和扶持学术社团等名义，加紧对高校的渗透。一些学生受西方文化思潮和价值观念的冲击，理想信念动摇，价值取向紊乱。基于此，高校必须加强网络意识形态工作，主动占领网络意识形态工作的高地，积极防控并化解高校网络意识形态风险。

二　培养社会主义合格建设者和可靠接班人的内在要求

共同理想反映了人们对美好未来的向往和追求，是鼓舞人们万众一心、奋勇前行的精神旗帜。中国特色社会主义共同理想，就是在中国共产党领导下，实现中华民族伟大复兴。历史学家金冲及指出："实现中华民族的伟大复兴，在整个二十世纪一直是中国无数志士仁人顽强追求的目标，一直是时代潮流中的突出主题。中国的革命也好，建设也好，改革也好，归根到底都是为了实现这个目标。这可以说是贯穿二十世纪中国历史的基本线索。"[1] 正是在"中国梦"的引领下，中国共产党带领中国人民克服艰难险阻，从一个胜利走向另一个胜利。

早在 1936 年，毛泽东同志在致蔡元培的信中就发出宏愿："建立真正之民主共和国，致国家于富强隆盛之域，置民族于自由解放之林。"[2] 虽然当时我国的经济体系尚不完善、生产力比较落后，但是由于中国共产党的存在，未来中国的发展强盛是可以预料和实现的。1949 年 9 月，毛泽东同志在政治协商会议上明确指出，中华民族近代以来的落后只是暂时的，在追寻独立富强的道路上，也将融入世界大家庭，以中国的发展促进世界共同进步。新中国的成立，标志着近代以来中国人民孜孜以求的独立解放的民族梦得以实现，标志着中华民族伟大复兴中国梦从此翻开了新的一页，开启了新的

---

[1]　金冲及：《二十世纪中国史纲》第 4 卷，生活·读书·新知三联书店，2021，第 1610 页。
[2]　《毛泽东书信选集》，中央文献出版社，2003，第 58 页。

征程。我们的民族将再也不是一个被人任意侮辱的民族了，我们已经站起来了①。站起来了的中华民族第一次改变了中国自近代以来积贫积弱、任人宰割的形象，新中国作为一个社会主义大国屹立在世界的东方。1956 年，毛泽东同志在《纪念孙中山先生》一文中正式提出："完成了孙先生没有完成的民主革命，并且把这个革命发展为社会主义革命……到二十一世纪的时候，中国的面目更要大变。中国将变为一个强大的社会主义工业国。"② 为此，20 世纪五六十年代党提出了"四个现代化"的理念。改革开放以来，以邓小平同志为核心的党的第二代中央领导集体，开创了中国特色社会主义道路，提出了"一个中心、两个基本点"的基本路线，坚持"四项基本原则"是立国之本，改革开放是强国之路，提出了"三步走"的战略构想，充分彰显了实现中国梦的正确方向和追求世界性大作为的战略气魄。以江泽民同志为核心的党的第三代中央领导集体提出"三个代表"重要思想和以胡锦涛同志为核心的党的第四代中央领导集体提出科学发展观，确立了"两个一百年"的奋斗目标。这些构想与目标把民族复兴中国梦描绘得更加清晰，中国式现代化的宏伟蓝图已具雏形。

党的十八大以来，以习近平同志为核心的党中央，带领全党全军全国各族人民开创了中国特色社会主义伟大事业和党的建设新的伟大工程新局面，采取一系列措施协调推进"四个全面"战略布局，使之成为引领中华民族伟大复兴的行动指南。这些措施包括：完善和发展中国特色社会主义制度，推进国家治理体系和治理能力现代化；强调"创新、协调、绿色、开放、共享"新发展理念，拓展现代化建设与民族复兴的实现路径；坚定不移地实现中国和平崛起，推进"一带一路"国际合作，在既有世界格局和国际秩序的挑

---

① 《毛泽东文集》第 5 卷，人民出版社，1996，第 344 页。
② 毛泽东：《纪念孙中山先生》，《人民日报》1956 年 11 月 12 日。

战中，承担起全球治理的大国责任；在地缘战略格局的挑战中，打造经济共同体和构建人类命运共同体等。党的十九大报告强调："这个新时代，是承前启后、继往开来、在新的历史条件下继续夺取中国特色社会主义伟大胜利的时代，是决胜全面建成小康社会、进而全面建设社会主义现代化强国的时代，是全国各族人民团结奋斗、不断创造美好生活、逐步实现全体人民共同富裕的时代，是全体中华儿女勠力同心、奋力实现中华民族伟大复兴中国梦的时代，是我国日益走近世界舞台中央、不断为人类作出更大贡献的时代。"① "现在，我们比历史上任何时期都更接近实现中华民族伟大复兴的目标，比历史上任何时期都更有信心、更有能力实现这个目标。"②

中华民族伟大复兴的中国梦折射的是中华儿女对美好生活、美好家园的不懈追求，凝聚和寄托了几代中国人的愿望，体现了中华民族和中国人民的整体利益，是每一个中华儿女的共同期盼。中华民族伟大复兴的中国梦绝不是轻而易举就能实现的。如何实现中华民族伟大复兴的中国梦？我们需要一支在政治上有坚定的社会主义信念、有高尚的人文精神和良好道德品质的人才队伍，通过共同的理想信念树起一座精神灯塔，把全国各族人民力量凝聚起来，带领全国各族人民不为任何风险所阻，不为任何干扰所惑，更好地投身改革开放和社会主义现代化建设。

西方一些信息强国，尤其是美国，凭借雄厚的经济实力，正以前所未有的速度推进信息网络的发展。它们不仅研发出先进的网络技术，还积极推广其制定的网络标准，使之逐渐成为全球通行的准则。通过这一策略，美国等西方国家成功掌握了国际传播网络的控制权，进一步巩固了其在全球信息领域的主导地位，垄断国际新闻发布渠道和几乎整个世界舆论，通过互联网向世界全方位地倾销其

---

① 《习近平著作选读》第 2 卷，人民出版社，2023，第 9 页。
② 《习近平谈治国理政》，外文出版社，2014，第 167 页。

文化产品，传播其政治制度、价值观念和文化道德，力图抹杀世界文化的多样性。现在，互联网上80%以上的信息是美国提供的。这些网络信息汇聚了知识性、娱乐性、趣味性以及政治性等多种元素，运用了图像、文字、声音与视频等多种表现形式，展现出高度的隐蔽性和欺骗性。对于正处于思想活跃、好奇心旺盛阶段，且世界观与人生观尚未完全定型的青年大学生来说，这些信息的欺骗性和蒙蔽性尤为显著，构成了不容忽视的潜在风险。在网络世界中，点击率成为部分人追求的首要目标，追求高点击率无非是求名或求利。因此，能极大刺激人眼球的煽动性内容和言论、丑恶的社会现象充斥泛滥，使得一些消极的、腐朽的、落后的东西沉渣泛起，"黄、赌、毒、邪"等腐朽落后文化和有害信息大量传播。对于是非判别力和道德约束力较差的青年大学生来说，危害是难以估计的。大学生正值世界观、人生观、价值观趋于形成的阶段，是容易被外界不健康、庸俗的东西所感染的群体，耳濡目染这种低俗观念和垃圾信息泛滥的网络文化，他们的人生观和意识形态会发生潜移默化的变化，一些免疫力弱的青年大学生的世界观、人生观和价值观就会倾斜、偏离。习近平总书记在全国教育大会上谈到高校教育现代化的方向目标时提出了"七个教育引导"的明确要求，高校要加强网络意识形态教育，引导大学生牢固树立远大理想，把个人奋斗融入国家富强、民族振兴之中，为建设社会主义现代化国家奉献自己的智慧和力量。

三　保证社会主义办学方向的时代要求

教育作为上层建筑的一个领域，属于意识形态范畴，它受经济、政治的制约，又积极反作用于经济和政治，无疑具有鲜明的阶级性。任何一种教育思想、教育制度，都是为它所属的社会阶级服务的。而任何一种社会阶级，又都是以它的意识形态去教育学生的。"一般来说，办学方向问题反映了高等教育质的规定性。坚持社会主义办学方向，这是社会主义大学与资本主义大学的根本区别所在。"[①] "我国是中国共产党领导的社会主义国家，这就决定了我们的教育必须把培养社会主义建设者和接班人作为根本任务，培养一代又一代拥护中国共产党领导和我国社会主义制度、立志为中国特色社会主义奋斗终身的有用人才。这是教育工作的根本任务，也是教育现代化的方向目标。"[②]

坚持社会主义办学方向，全面贯彻落实立德树人根本任务，是社会主义国家教育方针的本质要求。我们党历来高度重视高校的教育工作尤其是意识形态教育工作，中华人民共和国成立至今，党根据不同时期国家政治、经济、文化的发展水平和实际情况，在不同的历史阶段，分别探索形成了与之相适应的教育方针，指导我国教育事业稳步发展。在中华人民共和国成立初期，我国社会百废待兴。根据当时的情况，在1949年9月中国人民政治协商会议第一次会议通过的《共同纲领》中，明确规定了新民主主义的教育方针：中华人民共和国的文化教育为新民主主义的，即民族的、科学的、大众的文化教育；人民政府的文化教育工作，应以提高人民的文化水平，培养国家建设人才，肃清封建的、买办的、法西斯主义的思想，发展为人民服务的思想为主要任务[③]。全面建设社会主义时期，教育的目的是培养有社会主义觉悟的有文化的劳动者。1961年，经中共中央批准，教育部发布了《教育部直属高等学校暂行工作条例（草案）》，该条例明确指出："教育必须为无产阶级政治服务，教育必须同生产劳动相结合，使受教育者在德智体几方面都

---

① 陈谟开：《关于高校坚持社会主义办学方向的几点思考》，《高等教育学报》1991年第1期，第28~32页。

② 《习近平在全国教育大会上强调 坚持中国特色社会主义教育发展道路 培养德智体美劳全面发展的社会主义建设者和接班人》，《党建》2018年第10期，第4~6页。

③ 骆郁廷：《新中国成立初期的文化软实力发展战略》，《文化软实力研究》2016年第1期，第48~60页。

得到发展，成为有社会主义觉悟的有文化的劳动者。"① 至此，第一个教育方针被确定下来，并成为今后长期坚持的教育方针。改革开放和现代化建设时期，根据当时我国建设社会主义现代化强国总目标的实际需要，党中央提出"教育必须为社会主义建设服务，社会主义建设必须依靠教育"。在 21 世纪之初，面对经济体制深刻变革，社会结构深刻变动，利益格局深刻调整，党的十六大明确提出要"坚持教育为社会主义现代化建设服务，为人民服务，与生产劳动和社会实践相结合，培养德智体美全面发展的社会主义建设者和接班人"②。党的十八大以来，历史发展步入了一个新的时期。以习近平同志为核心的党中央，着眼"四个全面"的战略布局，强调"高等教育肩负着培养德智体美全面发展的中国特色社会主义事业建设者和接班人的重大任务，必须坚持正确政治方向，为人民服务，为中国共产党治国理政服务，为巩固和发展中国特色社会主义制度服务，为改革开放和社会主义现代化建设服务。面对新形势新任务，办好我国高等教育，必须巩固马克思主义在高校意识形态领域的主导地位，用科学的理论培养人，用正确的思想引导人，保证高校始终成为立德树人的坚强阵地"③。不难看出，尽管各个时期党的教育方针侧重点不同，但"坚持社会主义办学方向，培养社会主义建设者和接班人"这个根本任务始终贯穿整个历史阶段。

坚持社会主义办学方向，最重要的是要解决办什么性质的大学，如何办大学，培养什么人，如何培养人的问题。而解决这些问题最关键的就是要全面贯彻党的教育方针，坚持高等教育为社会主义服务，为人民服务。"高等教育为社会主义服务，是办学方向的

---

① 转引自杨天平《中国教育方针百年论略》，《当代教育论坛》2003 年第 1 期，第 19~24 页。
② 《十六大以来重要文献选编》（上），中央文献出版社，2005，第 31 页。
③ 《深入学习贯彻习近平总书记关于青年学生成长成才重要思想 大力培养中国特色社会主义建设者和接班人》，《光明日报》2017 年 9 月 8 日。

政治要求，高校要始终把坚定正确的政治方向放在第一位；高等教育为人民服务，是办学方向的价值要求，高校要办人民满意的教育。"① 全面贯彻党的教育方针、为社会主义服务以及为人民服务都必须加强党对高校的领导，巩固马克思主义在高校的指导地位。加强党对高校的领导是高校坚持社会主义办学方向的根本保证。党的领导是高等教育事业改革、发展的前提。党对高校的领导主要是政治领导、思想领导和组织领导。其中，政治领导是核心，思想领导和组织领导是政治领导实现的重要保证。领导的主要方式就是坚持用马克思主义的科学理论武装广大师生的头脑，坚定广大师生走中国特色社会主义道路的理想信念，调动广大师生的积极性、主动性、创造性，增强师生的凝聚力、创造力，推动高校各项事业沿着正确的方向前进。巩固马克思主义在高校的指导地位是高校坚持社会主义办学方向的根本要求。高校是传播文化、科学、技术知识的重要场所。高校特别是综合高等学校的学科建设、科学研究和人才培养，与社会主义意识形态建设密不可分。高校意识形态建设的根本任务就是要巩固、加强马克思主义在高校的指导地位，使马克思主义成为武装头脑、塑造灵魂的强大思想武器。社会主义意识形态建设要落实到高校的改革和发展中就必须坚持社会主义办学方向。

经济全球化进一步发展，网络信息技术高度普及，社会转型影响深化，导致人们的价值观走向前所未有的复杂化和多样化。价值观的多元化为人们提供了多样的价值评价和价值选择，也使人们的价值观受到了严峻的挑战，一些原本十分明确的理念、观念、信念等受到质疑，致使一部分人在价值选择和行为选择上感到迷茫和困惑，甚至在少数人中出现信念失重、理想错位、道德失范、心理失

① 骆郁廷：《加强党在高校的执政能力建设 提高领导和驾驭工作全局的能力》，《中国高教研究》2006 年第 4 期，第 8~21 页。

衡等问题。如果对这些问题听之任之，必然会进一步导致人们的价值观越来越偏离社会主义方向[①]。当代中国大学生普遍是"00 后"，多为独生子女，他们思想活跃、视野开阔、乐观自信，但是心理尚未成熟，价值观塑造尚未成形。他们成长于改革开放与社会主义市场经济的浪潮中，亲历了经济全球化的迅猛推进、网络信息技术的全面渗透以及社会结构的深刻转型。从时空维度审视，当代中国大学生的成长轨迹深刻映射出社会发展的"时空压缩"特质——在这里，传统、现代与后现代的多重景观并置，交织于同一时空框架内，构成了一幅错综复杂的图景。社会存在作为社会意识的基石，其变迁直接塑造了主体的生存形态与价值体系。身处这一充满"时空压缩"特征的环境之中，当代大学生面对的不仅是一个开放包容的世界，更是一个日新月异的变革时代。社会结构的剧烈变动催生了生存方式的多元化，多种生存路径的交织碰撞，不可避免地引发了价值领域的深刻冲突。这些冲突涵盖了中国传统价值观与社会主义市场经济价值观的交融与碰撞、计划经济与市场经济新风尚之间的张力以及社会主义市场经济价值观与西方多元价值观的相互激荡。这些冲突，源于个体的社会存在与生存方式的差异，对当代大学生的价值导向产生了复杂而深远的影响。一方面，这些价值冲突为大学生提供了更广阔的视野与更丰富的选择，促进了思想的开放与包容；另一方面，其负面影响导致了大学生在价值追求中的迷茫与困惑。价值冲突的多元化、非主导性及难以整合的特性，使得大学生在价值观的比较、选择与整合过程中面临重重困难，容易陷入价值判断的迷茫、疑虑与犹豫之中。部分大学生在纷繁复杂的价值冲突面前感到无所适从，失去了选择的勇气与能力，对自我与世界的价值认知产生困惑，进而感到苦闷与失望。若对此类负面影响放

[①]　杨业华、湛利华：《大学生核心价值观的内涵及研究意义探析》，《思想教育研究》2013年第 4 期，第 31~35 页。

任自流，势必加剧大学生价值观偏离社会主义轨道的风险，对其健康成长及未来发展构成潜在威胁。因此，积极应对价值冲突带来的挑战，引导大学生树立正确的价值观，成为当前社会及教育领域亟待解决的重要课题。

高校要深刻领会党中央治国理政新理念、新思想、新战略，切实解决好"培养什么样的人、如何培养人、为谁培养人"这个根本问题，始终把坚定正确的政治方向放在首位，强化思想理论教育和价值引领，"关键是要教育和引导大学生树立正确的核心价值观，培养大学生的鉴别与选择能力，使大学生在价值冲突中不迷失自我，从价值多元化、无主导性、价值无序的现实困惑中走出来，重新确立自己强大的精神支柱"①。

第二节　高校网络思想政治教育的目标

当前，我国社会发生深刻变革，对外开放的程度不断加深，高校网络思想政治教育工作面临的形势发生了很大变化，但牢牢掌握高校意识形态工作领导权的目标没有变，也不能变。我们要不断巩固马克思主义在高校网络意识形态领域的指导地位，夯实高校师生团结奋斗的共同思想基础，增强新时期中国特色社会主义意识形态在高校的引领力。

一　巩固马克思主义在高校网络意识形态领域的指导地位

人类社会发展到今天，可以说流传于世的各种学说、理论犹如满天繁星。近代以来，流行于中国的思想理论学说更是数不胜数。

---

① 杨业华、湛利华：《大学生核心价值观的内涵及研究意义探析》，《思想教育研究》2013年第 4 期，第 31~35 页。

为什么中国人民会选择马克思主义作为指导思想？为什么我们今天仍然要坚持马克思主义在意识形态领域的指导地位？道理其实并不复杂。就是因为，马克思主义是历经考验、颠扑不破的科学真理。只有坚持以发展着的马克思主义为指导，中国特色社会主义道路才能沿着正确方向胜利前进。

马克思主义是工人阶级的世界观和方法论。马克思主义从诞生之日起，就公开声明它的阶级性与实践性。它代表的是工人阶级的根本利益，因而成为一切被压迫阶级和一切被压迫民族实现解放的理论。和以往任何一种带有"虚幻"性的意识形态不同，马克思主义向全世界公开说明自己的观点、目的和意图，那就是代表一切被剥削被压迫人民的根本利益，消灭资本主义，最终实现全人类的解放。这种彻底的革命性，赋予马克思主义以科学性。正如恩格斯所说："科学越是毫无顾忌和大公无私，它就越符合工人的利益和愿望。"① 马克思主义作为一种理论，它的内容就是揭示人类社会特别是资本主义社会发展的客观规律，并以这种规律性的认识武装工人阶级及其政党，从而成功地实现改造世界的目的。自从用马克思主义武装了工人阶级以后，工人阶级才认识到自己的历史使命，从而有了自觉的阶级意识，从"自在阶级"成长为"自为阶级"。

马克思主义是科学性和革命性的统一。马克思主义分析了资本主义的生产方式，论证了社会主义必然到来的客观趋势。唯物史观和剩余价值学说这"两大发现"是使社会主义从空想走向科学的逻辑前提。一切理论和奋斗都致力于实现最广大人民的根本利益，这是马克思主义最鲜明的政治立场②。列宁曾说："这一理论对世界各国社会主义者所具有的不可遏止的吸引力，就在于它把严格的和高度的科学性（它是社会科学的最新成就）同革命性结合起来，并且

---

① 《马克思恩格斯选集》第4卷，人民出版社，1995，第258页。
② 胡锦涛：《在"三个代表"重要思想理论研讨会上的讲话》，人民出版社，2003，第8页。

不仅仅是因为学说的创始人兼有学者和革命家的品质而偶然地结合起来，而是把二者内在地和不可分割地结合在这个理论本身中。"① 马克思主义是对以往哲学、政治经济学和社会主义学说的继承和超越，深入回答了人类先进思想已经提出但没有解决的种种问题。马克思主义在它的发展历程中，一直以开放的态度对待生活实践，以分析的态度对待同时代的各种理论，从中吸取必要的东西，始终保持自己的革命性。

马克思主义是不断发展的学说体系。马克思主义创始人从一开始就强调他们的学说是发展的理论，是行动的指南，而不是背得烂熟并机械套用的教条。列宁在帝国主义和无产阶级革命时代，一方面坚持必须完全站在马克思主义的基础上，另一方面又强调"决不能把马克思的理论看作某种一成不变的和神圣不可侵犯的东西"②，而需要在实践中把马克思主义推进到新的阶段。毛泽东同志也强调，"马克思主义的'本本'是要学习的，但是必须同我国实际情况相结合"③，不能脱离实际。因此，我们必须解放思想，不断在实践基础上推进理论创新，用发展的马克思主义指导实践，才能永葆马克思主义的先进性。

自近代以来，各国（尤其是经济文化相对落后的国家）的进步人士都在寻找救国救民的道路，但是在马克思主义诞生以前，各种探索最终都以失败而告终。列宁在《共产主义运动中的"左派"幼稚病》一文中，对俄国人寻找革命理论的经过作过生动的阐述，指出："俄国在半个世纪里，经受了闻所未闻的痛苦和牺牲，表现了空前未有的革命英雄气概，以难以置信的毅力和舍身忘我的精神去探索、学习和实验，经受了失望，进行了验证，参照了欧洲的经

---

① 《列宁选集》第 1 卷，人民出版社，1995，第 83 页。
② 《列宁选集》第 1 卷，人民出版社，1995，第 274 页。
③ 《毛泽东选集》第 1 卷，人民出版社，1991，第 111~112 页。

验，真是饱经苦难才找到了马克思主义这个唯一正确的革命理论。"① 用这一理论作指导，列宁领导俄国人民取得了社会主义革命的胜利。中国同样如此，正如毛泽东同志所说的那样："灾难深重的中华民族，一百年来，其优秀人物奋斗牺牲，前仆后继，摸索救国救民的真理，是可歌可泣的。但是直到第一次世界大战和俄国十月革命之后，才找到马克思列宁主义这个最好的真理，作为解放我们民族的最好的武器，而中国共产党则是拿起这个武器的倡导者、宣传者和组织者。马克思列宁主义的普遍真理一经和中国革命的具体实践相结合，就使中国革命的面目为之一新。"② 中国革命和建设的每一步胜利都离不开马克思主义的指导，只有坚持马克思主义的指导地位，我们才能统一思想、增进共识、奋勇前进。中国革命和建设的实践告诉我们，只有坚持马克思主义在意识形态领域中的指导地位，才能保证我们的事业有坚定正确的方向，才能确保我国的经济发展有一个安定团结的政治局面，才能统一全国各族人民的意愿和行动，集中力量进行社会主义现代化建设。

马克思主义理论为我们认识世界、改造世界提供了强大的精神武器。江泽民同志曾指出："马克思主义理论是管总的东西，不学习理论，势必思想空虚，精神贫乏，是非不辨，方向不明。"③ 近些年来，一些人不顾我国国情，不顾大多数人民群众的利益和愿望，无视改革开放的成功经验和历史结论，在网络上鼓吹新自由主义、民主社会主义，声称西方所说的民主、自由、人权是"普世价值"，我国的发展要以它们为准则。分析这些错误观点和社会思潮，其本质就是要背离和放弃马克思主义的指导地位，否定中国特色社会主义道路，抨击中国共产党领导的社会主义，背弃中国特色社会主义道路和发展方向。大学生正处于人生观和价值观尚未完全定型的重

---

①　《列宁选集》第 4 卷，人民出版社，1995，第 136~137 页。

②　《毛泽东选集》第 3 卷，人民出版社，1991，第 796 页。

③　《十五大以来重要文献选编》（上），人民出版社，2000，第 152 页。

要转折时期，对事物的判断力和分辨力不足，抵御诱惑的能力不强，道德观念尚不稳定，网络中的有害信息会对大学生的理想与信念、世界观、人生观和价值观的形成产生一定的腐蚀作用和不利影响。作为培养社会主义事业的合格建设者和可靠接班人的高校要坚持不懈地进行马克思主义的唯物论、无神论教育和科学精神教育，不断增强学生对主流意识形态的认同，帮助他们树立正确的世界观、人生观和价值观，使他们坚定共产主义的信仰。高校要大力弘扬理论联系实际的学风，深入研究国内国际新形势下的重大问题，对出现的新情况作出新的更有说服力的解释，切忌刻意回避，搞"空对空"、形式主义或者"照本宣科"。

二 夯实新时代高校师生团结奋斗的共同思想基础

理想信念是一个民族的精神支柱。对一个政党来说，它是凝聚全党全国各族人民奋发前进的力量源泉。能否始终坚定理想信念，关系到一个政党的兴衰成败。共产主义理想信念作为对社会发展客观规律的科学认识，是我们党克服困难取得革命和建设胜利的根本保证。"为什么我们过去能在非常困难的情况下奋斗出来，战胜千难万险使革命胜利呢？就是因为我们有理想，有马克思主义信念，有共产主义信念。"① 共产党人的理想，是建立在对人类社会发展规律的科学认识的基础之上的。坚持这种理想，就有了明确的奋斗目标，就能使共产党人具有无比坚定的政治立场，让中国革命逐步走向胜利。在中国共产党的发展历程中，共产主义的理想信念发挥了巨大的动员、鼓舞、感召和凝聚作用。正是有这种理想信念，我们才克服了种种困难，完成了一个又一个艰难任务，把各项事业推向前进。邓小平同志曾指出："根据我长期从事政治和军事活动的经验，我认为，最重要的是人的团结，要团结就要有共同的理想和坚

---

① 《邓小平文选》第3卷，人民出版社，1993，第110页。

定的信念。我们过去几十年艰苦奋斗，就是靠用坚定的信念把人民团结起来，为人民自己的利益而奋斗。没有这样的信念，就没有凝聚力。没有这样的信念，就没有一切。我们共产党人的最高理想是实现共产主义，在不同历史阶段又有代表那个阶段最广大人民利益的奋斗纲领。因此我们才能够团结和动员最广大的人民群众，叫做万众一心。有了这样的团结，任何困难和挫折都能克服。"[①]

中国梦吹响了为新时代中国特色社会主义共同理想而奋斗的号角。当前，在我国经济体制深刻变革、社会结构深刻变动、利益格局深刻调整、思想观念深刻变化的新形势下，价值观念日趋多元、多样、多变，国内外思想文化日益交流、交融、交锋，人们思想活动的独立性、选择性、多变性、差异性显著增强。从国际上看，围绕发展模式和价值观的竞争日益凸显，意识形态领域渗透与反渗透的较量呈现出异常尖锐与复杂的态势。随着中国在国际舞台上的迅猛发展，其独特的发展模式越发受到全球瞩目，其影响力也随之日益彰显。尽管部分西方势力不得不正视中国的经济奇迹，但它们对中国的政治制度却始终抱着固有的意识形态偏见，将中国的崛起视为对西方制度模式及价值观的潜在挑战。作为一个由中国共产党领导的社会主义国家，中国将长期面临着来自西方的遏制与促变压力，而意识形态渗透更是西方敌对势力企图对中国实施西化、分化战略的主要工具。从国内视角审视，中国改革发展的累累硕果已惠及亿万民众，全党上下对于所走的道路、所秉持的理论、所坚守的制度及所崇尚的文化，均展现出前所未有的自信与坚定。社会各界对中国特色社会主义道路的认同日益加深，民族自信心与凝聚力显著增强，实现中华民族伟大复兴的中国梦已成为思想精神领域最为激昂的主旋律。然而，在中国的发展与进步中，也不乏异样的声音与解读，其试图挑战党的话语权与影响力。有人将西方的制度模式

①　《邓小平文选》第 3 卷，人民出版社，1993，第 190 页。

奉为"普世价值",鼓吹中国唯有接纳这些"价值"方能迎来光明未来,实则是在否定中国的四项基本原则,倡导一条背离初衷的歧途。另一些人则以"反思改革"之名,妄言中国的改革已步入误区,企图否定改革开放的伟大成就,主张回归封闭僵化的老路。需要注意的是,在社会深刻变革与对外开放持续扩大的背景下,各种社会矛盾与问题交织叠加、集中显现,人们的思想观念呈现出前所未有的独立性、差异性、多样性与多变性。思想道德领域也暴露出一些不容忽视的问题,如部分人理想信念动摇,腐朽落后的思想文化沉渣泛起,拜金主义、享乐主义、极端个人主义等消极思潮有所抬头。尤为严峻的是,西方反华势力凭借其在网络领域的技术与资源优势,大肆鼓吹"网络自由",通过互联网加紧对我国进行意识形态渗透,企图以此颠覆中国的国家意志与民族根基。大学生正处在成长时期,从年龄上看他们已步入成年,但他们的人生观、价值观尚不成熟,还处于形成阶段,可塑性强。长期以来所受的正面教育使他们具有一定的理智和正向价值观,对他们所看到的那些反动的、庸俗的垃圾信息会进行一定回避和躲闪。但随着上网次数和接触次数的增多,他们可能会在无所谓的想法下,放松对这些垃圾信息的警惕性,自律的约束力也开始下降,加之这些垃圾信息具有相当的诱惑力和刺激性,使他们会不自觉地去浏览[1]。如果听任这些言论大行其道,势必搞乱党心、民心,危及社会和谐稳定。面对我国生产力发展和经济体制改革的新实际,"面对风云变幻的国际局势和激烈的国际竞争,我们的国家要强盛,我们的民族要振兴,我们要在本世纪中叶基本实现社会主义现代化,全党同志和全体中国人民没有坚定的理想信念和强大的精神支柱不行,没有深厚的凝聚力和丰富的创造力不行,没有顽强的斗志和一致的步调不行"[2]。党

---

[1] 巴玉玺:《网络及网络文化对大学生的负面影响与对策》,《中南民族大学学报》(人文社会科学版)2004年第6期,第182~184页。

[2] 江泽民:《论"三个代表"》,中央文献出版社,2001,第122页。

的十八大以来，习近平总书记多次对中国梦的内涵实质、实现道路、依靠力量、历史意义等作了全面系统深刻的阐述。在为实现"两个一百年"而奋斗的今天，我们要团结一致、凝心聚力，用科学坚定的理想信念和精神支柱团结、吸引、鼓舞、激励全国各族人民为民族复兴、国家富强而不懈奋斗。

青年大学生是我们国家宝贵的人才资源，他们身上寄托着国家和民族的希望与未来。大学生作为掌握现代科学技术的年轻一代，是我们党补充新鲜血液、扩大阶级基础的主要来源，在我们党执政的历史进程中担负着承先启后、继往开来的历史责任。大学生代表先进生产力的前进方向，是我们未来社会主义现代化建设的中坚力量，我们国家未来的经济繁荣、科技进步、文化发展都要靠他们去努力、去奋斗、去实现，全面建成小康社会、加快推进社会主义现代化、振兴中华民族的宏伟目标和历史任务都寄托在他们身上。高校要充分发挥马克思主义和哲学社会科学的学科优势、人才优势、智力优势，着力回答中国特色社会主义重大理论和实践问题，不断深化对马克思主义中国化最新成果，特别是对习近平总书记重要讲话精神的研究阐释，提升高校哲学社会科学指导实践、答疑解惑、武装头脑的能力①。高校应当致力于将对马克思主义理论的深刻阐述与建设中国特色的思想道德观念紧密结合在一起，与师生群体多元化需求的现实状况紧密融合在一起。在这一过程中，我们不仅需要确保理论教育的系统性和连贯性，更要将其与广大师生在日常学习、生活及工作中的具体实践紧密结合起来，使之具备更强的实践指导意义。只有这样，才能把广大师生的思想、行为统一起来，把广大师生的智慧和力量凝聚起来，把各方面资源的创造性调动起来，为建设中国特色的社会主义而努力奋斗。

---

① 李红权：《"三全"视域下的高校思想政治教育主阵地建设》，《湖北社会科学》2018年第3期，第173～179页。

三 增强高校社会主义意识形态引领力

经济基础是客观存在的，意识形态也是客观存在的[①]。作为一种政治思想和理想信念体系，意识形态体现了对未来理想社会的价值追求，理所应当获得全体社会成员的普遍认同和切实践行。现代社会具有多元化的显著特点，在利益分化的背景下，不同的阶级、阶层基于不同的利益诉求，自然会形成极具差异性的价值主张，与之相适应，思想文化领域就会出现多元化的社会思潮。尽管多元价值的形成具有其客观性，但缺乏价值整合的多元化必然使整个社会陷入价值分裂与思想混乱无序之中。因此，国家必须通过确立主导性价值规范培育共同的道德与文化价值观，实现对于多元化社会思潮的价值引领，从而为实现社会团结和社会整合奠定价值基础。习近平总书记在党的十九大报告中指出："必须推进马克思主义中国化时代化大众化，建设具有强大凝聚力和引领力的社会主义意识形态，使全体人民在理想信念、价值理念、道德观念上紧紧团结在一起。"[②]

现代社会带来了社会分工的精细化和专业化，一定程度上弱化了共同价值规范。被认为现代社会理论的奠基人之一的法国社会学家涂尔干认为，在社会分工的影响下，社会形态逐渐从"机械团结"向"有机团结"转变。由于社会分工的不发达，社会成员彼此的生活经历、生活方式大体相同，因而行为更多地体现出个人信仰、道德规范以及价值观念的一致性和同质性。社会分工的深化一方面促进了个人意识和个性的发展，并进一步造成社会成员之间的相互依赖；另一方面，个人意识的觉醒与个性发展也会削弱集体意

---

① 张国祚：《怎样看待意识形态问题》，《红旗文稿》2015年第8期，第4~8、9页。
② 习近平：《决胜全面建成小康社会 夺取新时代中国特色社会主义伟大胜利——在中国共产党第十九次全国代表大会上的报告》，人民出版社，2017，第41页。

识，原来高度一致的共同价值规范对于个体成员的控制力会弱化①。相应地，原来的集体意识的内容与性质也会相应转型，从神圣到世俗、从蒙昧到理性构成其转型的基本方向，自由、平等、公正等现代价值理念逐渐构成新的集体意识的核心。因此，要通过培育共同的价值观念和道德规范来增强社会的凝聚力，维护社会的稳定和团结。美国社会学家帕森斯也强调了价值规范对于社会秩序建构的重要意义。他认为，任何社会政治制度如果缺乏让人信服的正当性论证，就难以形成充分的社会支持，制度权威性的不足往往使政治稳定的社会基础比较脆弱。一方面，意识形态作为一种"制度精神"，体现出政治体系的核心价值追求，能够为社会政治制度的建构进行正当性论证，从而有效增强制度的内聚力，并为相应政治体系提供充分的社会支持；另一方面，意识形态作为一整套价值观念体系，能够为整个社会政治运行提供基本价值规范，从而在社会政治领域塑造出一种意义秩序。这样一种意义秩序能够成为超越多元政治理念差异、消解社会政治冲突的精神纽带，从而保持多元的经济政治力量对于统一国家的向心力与归属感。相反，意义秩序的紊乱往往带来价值冲突、道德伦理失范等消极后果，对于多民族国家来说，会危及国家统一和民族团结。

　　习近平新时代中国特色社会主义思想是马克思主义中国化的最新成果，是国家政治生活和社会生活的根本指针②。马克思恩格斯曾说："一切划时代的体系的真正的内容都是由于产生这些体系的那个时期的需要而形成起来的。"③ 毛泽东思想是在中国革命和建设实践中形成和发展起来的。邓小平理论则是适应改革开放的时代需

---

① 冯宏良：《社会政治稳定视域下的国家意识形态安全》，《探索》2016年第6期，第164～171页。
② 龚锦涛：《灵魂·源头·根基：习近平新时代中国特色社会主义思想的三重基本维度》，《天津市社会主义学院学报》2018年第3期，第56～60页。
③ 《马克思恩格斯全集》第3卷，人民出版社，1960，第544页。

要而诞生的。同样，习近平新时代中国特色社会主义思想是中国特色社会主义进入新时代的产物。这种时代产物本质上表明，每当中国历史进入变革的关键时期，就特别需要有精神旗帜引领，以保证思想、意志、行动的统一。进入新时代、站在新的历史方位，我们如何继续前进？习近平新时代中国特色社会主义思想，凝结时代精华，总结实践经验，为新时代更好坚持和发展中国特色社会主义提供了基本遵循。

办好中国特色社会主义大学，必须加强思想引领，牢牢把握高校意识形态工作领导权。改革开放40多年来，我国经济社会发展取得了举世瞩目的伟大成就，人民生活水平大幅提高，民族精神、国民士气空前振奋。但是由于底子太薄，起步较晚，在当前这种国际大背景下，在建设中国特色社会主义进程中，我们不可避免地会遇到干扰、阻碍和困难，并相应产生这样那样的社会问题。热情冲动、理想化的青年大学生往往不能理性认识社会主义初级阶段国家发展必然要经历的曲折，不能正确理解暂时出现的一些问题。特别是近年来，我国经济发展面临艰难的调整，各种社会问题凸显，各类矛盾更加尖锐，在受到别有用心之人的误导和网络的渲染后，个别学生的理想信念发生了动摇，对中国特色社会主义共同理想失去信心，对今后该何去何从茫然不知所措。一些社会问题和现象，如贪污腐败、炒股炒房炒名声、爱情婚姻观的嬗变等，影响了大学生的价值取向和理想追求。一些社会问题，如发展不平衡、收入分配不均、教育改革、医保问题、住房问题等，与青年大学生的家庭或直接与青年大学生自身密切相关，影响了他们的求学心态。

习近平新时代中国特色社会主义思想是当代中国的马克思主义，是引领中国特色社会主义新时代的纲领、旗帜和灵魂，其核心要义是坚持和发展中国特色社会主义，其丰富内涵集中体现在"八个明确"，其实践要求高度概括为"十四个坚持"，深刻回答了新的时代条件下"中国之问""时代之问""人民之问""执政之问”，为解决当代中国前途命运问题提供了科学理论指引。高校要坚持以习近平新时代中国特色社会主义思想为指引，"深刻认识习近平新时代中国特色社会主义思想的时代意义、理论意义、实践意义、世界意义，深刻理解这一思想的核心要义、精神实质、丰富内涵、实践要求，深刻体悟这一思想彰显和贯穿的坚定理想信念、真挚人民情怀、高度自觉自信、无畏担当精神、科学思想方法。努力把每一点都领会深、领会透，做到知其言更知其义，知其然更知其所以然"①。同时，要以师生喜闻乐见的方式，开展主题鲜明、富有时代感、吸引力、感染力的教育活动，用生动的实践、切身的感受增强师生对习近平新时代中国特色社会主义思想的认同和理解。

---

① 《习近平新时代中国特色社会主义思想学习纲要》，学习出版社、人民出版社，2019，第256页。

第四章　高校网络思想政治教育的
原则与方法

　　高校网络思想政治教育需要遵循一定的原则，又要讲究方法的应用。高校网络思想政治教育的原则是高校网络思想政治教育活动中应当遵守的基本行为准则。高校网络思想政治教育方法是高校思想政治教育工作者为了实现思想政治教育目的所采取的思想方法和工作方法的总和。高校网络思想政治教育原则的确立和方法的实施有着坚实的实践基础和时代要求，充分体现了思想政治教育的规律性、时代性和价值性。

第一节　高校网络思想政治教育的原则

　　网络思想政治教育的原则作为网络时代思想政治教育活动不可或缺的基石，贯穿于不同领域、层级及面向的各个方面。这些原则是在网络思想政治教育实践的沃土中孕育并茁壮成长的，它们不仅是对网络思想政治教育内在规律的深刻洞察，更是其能动性与适应性的集中体现。如果我们在日益复杂的环境中丧失正确的方向和原则，不坚持马克思主义的理论指导，不坚持在网络上弘扬主旋律，党的思想政治工作就会名存实亡，各种非马克思主义，甚至反动的思想意识就会肆行于网络上，直接侵蚀人民，特别是广大青年大学生的思想。因此，高校在网络思想政治教育过程中必须坚持和实践网络思想政治教育的基本原则。

一 方向性原则

方向性原则，是指思想政治教育应具有正确的政治方向，这是思想政治教育的灵魂。方向性原则作为网络思想政治教育的一个基本原则，是网络思想政治教育本质的反映，集中反映了思想政治教育的阶级性。当前，网络思想政治教育的方向性原则是指网络思想政治教育要体现明确的社会主义和共产主义方向，必须与中国共产党的纲领与宗旨相一致。党的根本宗旨是全心全意为人民服务，党的近期目标是实现社会主义现代化，最终目标是实现共产主义。始终代表中国先进生产力的发展要求，始终代表中国先进文化的前进方向，始终代表中国最广大人民的根本利益是我们党立党之本、执政之基、力量之源①。网络思想政治教育应当以此为导向，不仅要将当前阶段的路线、方针、政策教育与社会主义及共产主义的核心思想和道德教育深度融合，还需紧密结合我国当前的生产力发展水平、社会发展的实际状况以及教育对象的思想现状，同提倡共产主义精神结合起来，把对网络思想政治教育受众的日常工作、生活、学习、思想修养等方面的指导与实现社会主义现代化的理想教育结合起来。

1999 年，中共中央发布的《关于加强和改进思想政治工作的若干意见》深刻而全面地阐述了思想政治教育工作的核心方针与基本原则，为当前网络环境下思想政治教育的发展提供了明确而坚定的导向，这一导向是我们必须坚定不移遵循的。第一，必须将马克思主义、毛泽东思想、邓小平理论视为根本性的指导思想，确保一切工作都紧密围绕并坚持党的基本路线和基本方针不动摇。这是确

---

① 张书林：《十六大以来党的思想建设的重心演进与实质》，《延边大学学报》（社会科学版）2012 年第 4 期，第 5~10、23 页。

保网络思想政治教育工作保持正确方向，彰显时代价值的前提与基础。在此基础上，应致力于以科学的理论来武装广大网民的头脑，以正确的舆论来引领网络空间的思潮，以高尚的精神来塑造网民的品格，以优秀的作品来塑造网民的心灵。通过这样的方式，能够培养出一批既有远大理想、高尚道德，又具备丰富文化知识的新时代公民，增强网络思想内容的主导性与纯洁性，营造一个积极向上、健康有序的网络生态环境，为社会主义精神文明建设贡献重要力量。第二，我们必须坚定不移地以经济建设为中心，全力以赴服务于经济建设的大局。同时，务必高度重视网络中利益关系的协调与平衡，确保经济建设的顺利进行。第三，我们必须始终坚持从实际情况出发的原则，深刻理解并把握网络受众在思想层面的多样性和层次性。在这个过程中，我们应当将先进性的要求与广泛性的需求紧密结合，既要体现引领潮流的先进性，也要兼顾满足大众需求的广泛性。同时，我们还要将主导性的力量与多样性的特色相融合，既要保持网络文化的主旋律，也要尊重并鼓励多元文化的共存与发展。通过这样的方式，我们可以进一步增强工作的针对性和实效性，更好地满足人民群众的精神文化需求。第四，必须坚持教育与管理相结合，要建立健全网络管理的法律法规和制度，依法加强对网络和信息资源的管理，寓主导思想道德原则于科学有效的网络管理之中，使自律与他律、内在约束与外在约束有机结合起来。第五，必须坚持党的领导，在党的统一领导下，充分调动社会各方面的积极性，形成职责明确、齐抓共管、覆盖全社会的网络思想政治教育工作机制。

坚持方向性原则，对于高校网络思想政治教育的深入开展，具有深远意义。首先，坚守方向性原则，是确保思想政治教育核心价值的基石。教育方向不仅是教育本质的直观展现，更是其精髓所在。每一种教育本质上都有其独特的方向性。唯有坚定不移地遵循这一原则，才能确保网络思想政治教育始终沿着正确的轨道前行，真正触及学生的心灵深处，激发他们的爱国情怀与社会责任感。任何教育都是有目的的、有方向的，高校网络思想政治教育也不例外，方向问题不仅关系到舆论的导向、主旋律的弘扬，也关系到培养人才质量的问题，还事关中华民族的伟大复兴和社会主义事业的兴衰成败。因此，高校网络思想政治教育必须把坚持正确的政治方向放在首位。其次，坚守方向性原则，是确保思想与行动高度统一、充分发挥思想政治教育整体效益的必由之路。明确而正确的政治方向，能够激发人们内心深处的巨大精神动力，使之汇聚成推动社会进步与发展的磅礴力量。方向性原则是高校网络思想政治教育的基本原则，网络思想政治教育必须始终贯彻这一原则。网络思想政治教育主体应深刻认识到坚持方向性原则的重要性和必要性。不仅要使全体网络思想政治教育主体认识到坚持社会主义和共产主义方向的思想政治教育，就是坚持网络思想政治教育的本质，而且要在实际工作中直接或间接地体现这一原则，并使网络思想政治教育受众理解，坚持正确的政治方向，有利于个人的全面发展，有利于德与才的统一。最后，唯有坚守方向性原则，方能真正实现高校网络思想政治教育的深层价值。对于这一教育形式，我们应以教育目标达成的深度与广度，以及方向性原则的贯彻程度为衡量标尺。通过不断丰富教育内涵，创新教学方法，我们可以确保网络思想政治教育始终沿着正确的方向前行，从而真正发挥其应有的作用与价值。

方向性原则必须贯穿于高校网络思想政治教育的全过程，贯穿于一切网络思想政治教育活动中。高校应努力探索方向性原则与具体目标之间的契合点，努力把正确的方向落实到网络政治教育、网络伦理教育、网络心理教育、网络法治教育等具体教育工作中去，使方向性原则体现在网络思想政治教育的方方面面。

二 时效性原则

思想政治工作是中国共产党的政治优势，在社会主义革命和建设的进程中发挥过巨大的作用。面对已经到来的网络时代，新的形势、新的情况、新的问题要求我们高度重视运用信息技术的优势，扩大思想政治教育的覆盖面，增强其影响力，进一步增强思想政治教育的时效性。时效性原则有以下几方面的要求。

（一）重视思想政治教育定位的时代性

随着社会的发展和信息时代的到来，网络思想政治工作绝不能陷入"言重行轻，事忙则弃"的窘境，这种状态势必严重打击思想政治教育工作者的工作热情与积极性。故而，明确网络思想政治教育的定位已成为当务之急。

第一，观念的定位。网络思想政治工作需紧密围绕党和国家的核心任务展开，高校的网络思想政治教育则应聚焦于人才培养的核心理念之上，确保教育方向与国家发展同频共振。第二，方法的革新。我们需摒弃"单向灌输、强制接受"的传统教育模式，转而强调平等对话、深入沟通与贴心服务的价值。同时，应积极引入先进的技术工具，并辅以必要的经济激励措施，以增强教育的吸引力和实效性。第三，体系的重塑。我们需打破"闭门造车、循环往复"的旧观念，以及"孤军奋战"的单一格局。构建一个全员参与、全方位育人的新体系，让每个人都能成为网络思想政治教育的一分子。通过调动各方面的积极性与创造力，共同投身于这场意义深远的教育实践中去。第四，任务的定位。当前网络思想政治教育的重要任务是进行理想信念教育，引导人们牢固树立建设中国特色社会主义的共同理想；帮助人们尽快建立起与市场经济相适应的商品与市场、开放与竞争、效益与效率、科技与人才、民主与法治等观念；在一些重大改革措施出台后，要通过网络这一先进载体，帮助人们消除理论上的不理解、观念上的不适应、心理上的不平衡。同时，对改革开放过程中出现的新旧观念的摩擦、中西方文化的碰撞、理想与现实的冲突等，也需要强有力地发挥网络思想政治教育的作用。

（二）明确思想政治教育对象的层次性

在深化思想政治教育的过程中，明确其层次性是增强教育时效性的关键要素之一。一是网络思想政治教育内容的层次性。互联网传播信息的速度特别快，这就要求我们的思想政治教育在内容方面必须注意时效性，不要老是"马后炮"，不要老讲"旧闻"，要随时更新"网页"的内容，把握改革发展全局，赋予网络思想政治教育新的时代内容；要把理想信念教育作为网络思想政治教育的核心，巩固网络思想政治教育的根基，务必以爱国主义为核心，辅之以社会主义的理想信念、集体主义的协作精神、民族精神的深厚底蕴、社会公德的普遍遵循、职业道德的专业操守、家庭美德的温馨传承，以及社会主义法治教育的规范引领，将其作为教育内容的"中流砥柱"；要将网络思想政治教育的时效性与前瞻性、预测性结合起来。二是网络思想政治教育对象的层次性。要充分利用网络这一有效载体，结合网络受众的不同层次，针对不同的年龄、心理、知识水平等特点，实事求是、因人施教，构建起一个以人的发展为中心，以培养合格公民、合格接班人为支点的教育目标体系[1]。在教育过程中重视教育对象的层次性，体现了以人为本的教育理念，尊重了教育对象的主体性、多样性，避免了教育的固化，有助于增强网络思想政治教育的生机和活力。

---

[1]　吴允侠、吴健：《实效性是加强思想政治工作的关键》，《中国教育报》2000 年 11 月 8 日。

（三）强调思想政治教育内容的针对性

衡量思想政治教育时效性的唯一标准是实践，以检验思想政治教育是否能被网络受众所接受，并取得实际效果。因此，网络思想政治教育的内容必须贴近群众的思想，专注于解决他们普遍关注的热点、疑点、难点问题以及与人们生存发展密切相关的基本问题。在教育方法上，应坚持以人为本、顺势引导，力求精准到位而不越位。同时，应勇于采纳新的技术手段和方法，使网络思想政治教育更加亲切可信、真实可靠，且切实可行。随着改革开放的深入和社会主义市场经济的发展，经济成分和经济利益多样化、社会生活方式多样化、社会组织形式多样化、就业岗位和就业方式多样化，势必带来人们思维方式、思想认识、价值观念的多样化，我们的思想政治教育就要回答这种"多样化"及其引发的一系列问题[①]。例如，通过沟通、引导的方式，促进和确保事物向积极健康的方向发展。一段时间内，在某些地区，迷信活动曾拥有广泛的影响力，有神论和伪科学一度盛行。在这种情况下，思想政治教育工作者应采用通俗易懂的方式，深入普及无神论和科学精神，帮助人民群众摆脱迷信和伪科学的精神束缚。公众对科学技术以及法律知识有着迫切的需求，因此，思想政治教育工作者应将政治理论与正确的理想、信念融入网络知识之中，避免枯燥地说教，只有这样，网络思想政治教育才能发挥实效。此外，还应发挥网络思想政治教育的前瞻性特点，以维护社会稳定，积极应对社会挑战，敏锐地识别并研究社会热点和难点问题，进而制定出有效的对策。

（四）增强思想政治教育方式的科学性

网络思想政治教育是一门融合多学科知识的综合性科学，它不

---

① 范双利：《因特网对高校思想政治教育的影响》，《中山大学学报论丛》2001年第6期，第151~154页。

仅需要多种手段的支撑，还依赖于跨学科理论知识和方法的借鉴与应用。在过去，情感教育和示范教育等方法已被证明是有效的，但在面对新形势时，我们更需汲取心理学、伦理学、教育学等领域的理论与实践，以促进学科间的有效融合。这种融合不仅符合现代科学发展的趋势，也是网络思想政治教育面向未来、走向世界、实现自身发展的关键。

此外，建立一种以网络受众为中心、以传播者为引导的新教育理念至关重要。这种理念鼓励网络受众积极参与教育过程，充分激发他们的主观能动性。同时，高校网络思想政治教育应超越以往仅依赖定性分析来评估客体对象思想行为的方法，转而采用定性与定量相结合的分析手段。通过这种方法，高校思想政治教育可以更准确地把握网络受众思想行为的强度、发展深度与广度以及其扩展趋势。如此制定的思想政治教育方案才具有更高的时效性，并取得更为显著的成效。

三　信息化原则

随着信息技术和信息网络的迅速发展，人类已经进入以互联网为标志的信息时代，信息化作为信息技术革命的重要特征，已影响到社会的各个领域。信息化创造了思想政治教育的新环境，对传统的思想政治教育工作提出了严峻的挑战，也带来了良好的机遇。作为"生命线"的思想政治工作如何在网络时代充分发挥其有效的"服务保证"作用，成为网络思想政治教育工作者亟待解决的重大课题。高校要有效地开展思想政治教育，必须尽快进入计算机信息网络领域，积极拓宽思想政治教育的信息传输渠道。

（一）运用网络技术手段

目前，在众多高等教育机构中，思想政治教育的方法仍然以宣读文件、阅读报刊、举办讲座和黑板书写为主。尽管纪检、宣传、组织等部门以及各类学校已经尝试开展电化教育，但由于缺乏互动和组织上的不足，这些努力往往未能达到令人满意的效果。技术的局限性导致了有效信息传播的迟缓、信息量的限制以及受众范围的狭窄，使得教育活动无法实现预期目标。反观西方一些国家，尤其是美国，为了对社会主义国家进行"分化""西化"，不惜花费巨资，采用各种技术手段，不遗余力地传播自己的价值观念①。当前，一些采用先进科技手段的媒体和网站，在经济利益的驱使下，商业气息过于浓厚，未能充分发挥其应有的教育功能。因此，高校必须认识到互联网普及的广泛趋势，并在思想政治教育中广泛应用这些先进技术，以加强思想政治教育及精神文明建设。信息化无疑是科技、经济和社会发展的必然趋势，是不可抗拒的时代潮流。面对网络时代的机遇与挑战，高校网络思想教育工作者必须把握时机，充分利用信息网络技术的优势，发挥其长处，规避其短处，利用它来推动我们的改革和发展，传播我们的思想文化，开创思想教育工作的新局面。

（二）重视网络开发利用

传统的思想政治教育依赖于教育者个人通过剪报、摘录等手段收集信息，这种方法不仅耗时费力，而且常常导致信息更新不及时、分布不均衡以及信息缺失等问题。因此，当前高校应充分利用校园网络，着手进行思想政治教育信息系统的开发与利用。主要包括利用网络的广阔空间，建立思想政治教育信息数据库，开发各种系统功能，使思想政治教育信息的收集、存储、管理实现网络化；依托网络系统丰富的信息资源，提供思想政治教育信息的快速检索

---

① 杨军：《网络与大学生思想政治教育创新刍议》，《湖南省社会主义学院学报》2005年第2期，第75~76页。

与利用服务，实现资源共享；利用网络的交互性，开展网上思想政治教育交流，针对现实工作中的难点问题，集中各方力量进行"会诊"；利用网上丰富的软件资源，开发网络思想政治教育软件，不断开展网上政治工作培训，提高思想政治教育工作者的自身素质和工作能力[①]。

（三）加强网络信息管理

网络信息管理是一项系统性工程，是对网络信息本身的管理，它要求政府、学校以及家庭等社会各个层面共同参与到管理过程中来。政府要对网络信息做好入口防范，强化对网上信息的监控，过滤虚假、有害、反动的信息；制定网络规范，惩治网上犯罪；做到有章可循、有法必依、违法必究，杜绝一切有害信息的滋生和蔓延，对重点部门要严密监控，发现非法信息及时制止，并依法严惩。学校和家庭要积极配合政府有关部门做好网上把关工作，当好"把关人"，要把那些会对青年大学生思想产生消极影响的信息过滤、消灭在萌芽状态[②]。高校思想政治教育要引导青年大学生客观、全面地掌握信息，运用辩证思维进行分析，自主形成结论，而非仅仅告知他们现成的结论；应广泛利用所有可用的积极信息来对抗消极信息，并充分利用青年大学生的参与热情，使他们熟悉网络的操作方法和规则。另外，要进一步加强对信息网络的监控和管理，防堵有害信息对青年大学生思想的侵蚀，还要通过设立层层"关卡"，最大限度地阻止各类不健康的信息与青年大学生的接触，为高校开创思想政治教育新局面创造良好的网络环境。

---

① 金早、寇从俊：《思想政治工作要重视电脑网络阵地建设》，《江汉论坛》2000 年第 12 期，第 40~43 页。

② 覃宪儒：《网络时代对高校思想政治教育的影响及对策》，《广西大学学报》（哲学社会科学版）2002 年第 3 期，第 30~33 页。

（四）构建新型网络阵地

得益于网络技术的迅猛发展，校园网络系统在众多高校中如雨后春笋般涌现。这为思想政治教育工作者利用高科技手段构建新型教育平台提供了坚实的物质基础。第一，组织专家团队，抓紧时间开发思想政治教育工作软件，并积极推动思想政治教育信息资源的建设。软件内容应根据马克思主义的基本立场、观点和方法，针对市场经济条件下青年大学生关注的热点和难点问题，努力将深奥的思想政治教育理论转化为生动形象的计算机程序。这样，我们就能吸引青年大学生主动使用，实现教育与娱乐相结合的目标。第二，开发具有超文本结构的思想政治教育电子教材。这类电子教材能够充分利用现代电子技术，将文字、声音、图像融为一体，为青年大学生提供立体的视觉和听觉体验，从而显著提升思想政治教育的效果。第三，要实现网络与大众宣传教育媒体的整合。目前，电视、广播、报刊等宣传教育媒体在形式上相对独立。若将这些媒体进行数字化处理并整合到网络平台上，就能实现网络思想政治教育与大众传媒的有机结合，拓宽信息来源，大幅提高网络思想政治教育的辐射力、吸引力和感染力。

（五）优化网络空间环境

网络是迄今为止功能最齐全、应用最广泛的媒体之一。网络巨大的信息量远远多于任何教师、任何教材乃至任何一座图书馆所能提供的信息量；而且网络的使用具有极大的自由度，打破了使用者文化、专业、年龄、国度的界限。因此，如何运用信息调控手段优化思想政治的信息环境便显得十分必要。对于思想政治工作者而言，网络环境的影响既有正面的也有负面的。因此，网络思想政治教育工作者应当运用多种方法，引导、利用并加强网络环境中的积极因素，同时排斥、削弱并消除其消极因素。这一过程应体现在网络受众思想政治素质的提升上。从影响的方式来看，网络环境主要通过分散的信息或信息流来影响网络受众的思想，悄然改变他们的世界观、人生观和价值观。因此，对网络环境的管理与调控，本质上是对网络信息的管理与调控。

四　主动性原则

主动性原则是指网络思想政治教育工作者要扬长避短，主动出击，积极地在网络上开展思想政治教育工作。只有采取主动出击的方法，才能赢得网络思想政治教育的主动权，才能使我们的思想政治工作这一"生命线"立于不败之地。美国著名未来学家阿尔温·托夫勒在与其夫人合著的《创造一个新文明——第三次浪潮的政治》中说："谁掌握了信息，控制了网络，谁就拥有整个世界。"[①]随着互联网的飞速发展，思想政治教育工作进入网络也将顺应时代潮流不断地得到推广和应用。

（一）正确分析和评判西方的意识形态与价值观念

网络文化的发展历程，既是一场向着开放与多元迈进的过程，在某种程度上也映射出西方文明对东方文明乃至全球文明的渗透，以及高科技力量跨越国界、辐射全球的过程。在此过程中，不可避免地浮现出一种西方中心论的倾向，价值观念的单一化与发展模式的同质化趋势越发显著。西方的意识形态与价值理念，犹如无孔不入的细流，悄然渗透至发展中国家的政治、经济、文化及社会各个层面，为其带来了诸多前所未有的挑战与负面影响。对此，我们应采取冷静、理智的态度，积极开拓多元化的路径与渠道，引导青年学子以辩证唯物主义与历史唯物主义的视角，深入剖析并审慎对待

---

① 阿尔温·托夫勒、海蒂·托夫勒：《创造一个新的文明——第三次浪潮的政治》，陈峰译，生活·读书·新知三联书店，1996，第 31 页。

西方意识形态与价值观念的涌入。在这一过程中，高校思想政治教育的目标是帮助青年大学生清晰辨识哪些理念与我国的国情相契合，值得学习、借鉴与吸纳；哪些不利于我们自身的发展，应坚决予以摒弃。通过这样的分析与对比，可以消除青年学子在面对东西方文化碰撞时所产生的迷茫与困惑，帮助他们明辨是非、区分优劣。进而期待他们能在网络文化的海洋中，培养出更加敏锐的辨别力与坚定的自我抵御能力，不为外界的种种诱惑所动摇。同时，高校思想政治教育也希望青年大学生能够不断坚定正确的理想与信念，树立起科学的世界观、人生观与价值观，掌握科学的思维方式。唯有如此，才能更好地增强全体国民抵御西方意识形态入侵的自觉性，为构建更加和谐、稳定的社会环境贡献一份力量。

（二）防止错误思潮通过网络进行侵蚀和渗透

技术革命始终是一把"双刃剑"，互联网亦是如此。网络在为人们的生活带来前所未有的便利的同时，也不可避免地带来了一些负面影响。为了更有效地利用互联网的积极作用，思想政治教育工作者必须用健康、积极、富有教育意义的内容主动占据网络空间，充分利用网络资源，发挥其优势，同时避免和消除其潜在的弊端，以防止和抵御错误思潮通过网络对青年大学生产生影响。在规范网络道德、确保网络正确导向、发展健康的网络文化方面，思想政治工作具有巨大的潜力和作用。首先，思想政治工作以其鲜明的党性原则、正确的政治方向和高度的大局观念，能够消除或减少网络传播对受众的误导，避免和克服网络传播中的负面与消极因素。其次，思想政治教育是一门综合性的学科，它涉及政治学、经济学、社会学、教育学、历史学、文化学、艺术学、传播学等多个领域，可以作为网络信息资源的一部分，丰富网络文化内容。网络文化的建设重在内容的充实，用科学的、正确的、健康的内容来丰富网络，本身就是对错误导向的一种抵制和纠正。再次，随着网络技术的发展和网民的迅速增加，网络思想政治教育涉及面极其广阔。如果网民都成为思想政治教育网络的受众，有"第四媒体"之称的网络传媒在与传统媒体争夺受众的竞争中就大有后来居上的可能，网络传媒将在中国发生狂飙式的发展[①]。最后，依据国家对网络管理的有关法律和制度，思想政治教育工作者可以通过提升网络技术水平，例如防火墙技术、安全认证技术、密码技术等，来增强网络监控和管理能力。其可以监测、过滤、截获以及跟踪网络中的信息流动，有效防止不良信息的传播，从而确保信息安全，并促进网络环境的健康、正常和规范化发展。

（三）掌握网络空间安全和发展的主动权

网络的跨时空性，使"家门"成了"国门"，在网上各种意识形态、文化观念相互斗争、冲击的情况下，企图遮蔽、阻隔、封锁信息是徒劳和可笑的[②]。因此，一味地"堵"肯定不是办法，事实上也是"堵"不住的。所以，必须研究其特点，因势利导，为我所用。"古为今用，洋为中用"，这也是高校思想政治教育对待网络媒体的立场，思想政治教育工作者一定要密切关注和研究网络信息发展的新动向，学习网络知识，善于利用网络开展思想政治教育，加强思想政治教育正面宣传并扩大其影响力，努力掌握网上思想斗争的主动权。虽然现在网上的主动权并没有完全掌握在思想政治教育工作者手里，但只要积极应战，就会改变被动的局面。显而易见，网络已成为思想政治教育的一个新的重要阵地。国内外的敌对势力正利用它同党争夺群众、争夺青年。我们要认真研究其特点，采取

---

① 李卫东：《利用现代传播手段加强思想政治工作》，《光明日报》2000 年 10 月 18 日。
② 冯沈萍：《在网络上唱响思想政治工作主旋律》，《高校理论战线》2000 年第 12 期，第48～50 页。

有力措施应对这场战役，掌握网络斗争的主动权①。然而，目前的情况是，我们尚未有效掌握这一主动权，仍处于被动应对的境地。显然，互联网已成为开展思想政治工作不可或缺的全新且重要的平台。国内外敌对势力正积极利用这一平台，企图与党和政府争夺群众。对此，我们必须深入研究网络斗争的特点，采取坚决有力的措施，以应对这一严峻挑战。我们需要更新思想政治教育的时空观念，积极拓展其领域，将局限于家庭、学校、课堂的传统教育模式延伸至网络空间。同时，我们还应建立网络思想政治教育数据库，以确保广大网络用户能够便捷地获取正确的信息，接收（受）正面的信息流和思想政治教育主旋律的熏陶与影响。

（四）持续培育和优化校园文化环境

在家庭、机关、工厂及学校等各类组织中，各自形成了独特的小环境，这些小环境既受到社会大环境的塑造与约束，同时也能够在一定程度上对社会大环境产生积极的反向影响。因此，思想政治教育工作者应当紧密追踪现实形势的动态变化，灵活调整思想政治教育的核心议题与具体策略，充分发挥思想政治教育的引领作用，进而促进小环境的持续优化与繁荣，最终实现对网络大环境的积极反馈与正面塑造。

在大学校园这一特殊领域，校园文化环境作为青年大学生成长成才的重要土壤，其独特的感染力、深层次的渗透力以及无形的熏陶力对青年大学生的思想观念、行为模式均产生深远的影响。基于此，思想政治教育工作者需致力于构建一个多层次、立体化的校园文化生态，以追求高品位与高学术性为核心理念，精心组织一系列以思想启迪、文化熏陶、娱乐休闲、学术科技交流为核心内容的文

---

① 吴谷平、徐世平：《守住阵地 主动出击 扩大影响——学习江泽民同志关于互联网问题的讲话精神》，《新闻记者》2000 年第 8 期，第 3~5 页。

化活动，营造出一个积极向上、健康和谐的整体氛围，为青年大学生的全面发展提供坚实的精神支撑与文化滋养。在组织校园文化活动时，要用现代高新技术等手段来提炼、丰富和完善各种文化内容和形式，使之更吸引青年大学生参与。校园中这种积极、健康的文化环境，可以净化人们的心灵，鼓舞人们的精神，提高青年大学生的文化品位，增强自身对腐朽文化的抵御能力，使其不受消极网络环境的左右[①]。

五　接受性原则

由于网络具有虚拟的特点，在网络上开展思想政治教育，首先遇到的问题是教育者的教育活动能否被网络受众所接受，能否给网络受众以触动，能否在感情上相融，在心理上产生共鸣、共振。所以说，接受性原则是进行高校网络思想政治教育的重要原则之一。

（一）引起网络受众情感共鸣

思想政治教育要做到和风细雨、润物无声，相关教育工作者必须注意以情感人，真诚地关心他人，理解他人，付出自己的真情实感。孔子云："仁者，爱人。"要想得到受教育者的尊重和爱戴，自己必须关心、尊重、信任受教育者。特别是进行网络思想政治教育时，由于教育者权威地位的下降，甚至丧失，这就要求我们的思想政治教育工作者既要做网络受众的师长，也要做他们的朋友和知心人。通过网络与之进行交流和沟通，找到彼此的共同语言，引起网络受众共鸣，架起一座感情的桥梁，与他们心心相印，从而使网络成为我们了解青年大学生思想和心理变化的"观察室"和"晴雨表"，有利于我们更好地了解青年大学生的真

---

① 姜晓梅：《网络环境下大学生思想政治工作探析及对策》，《教育与职业》2008 年第 5 期，第 146~147 页。

实想法，并且及时地通过网络对他们进行思想引导，使他们的思想问题、心理问题能及时得到解决，最终达到教育的目的。

（二）寻找网络受众沟通振点

著名的心理学家卡内基曾经说过：通向别人心灵的捷径就是谈论他最珍视的事情。这里"他最珍视的事情"，实际上就是感情的共振点。网络思想政治教育工作者要善于找到网络受众的共振点。思想政治教育工作者以往的权威、主导地位在以网络为代表的信息社会里有可能发生某种程度的动摇。这要求我们认识并尊重网络受众的主体性，调动和引导网络受众的选择性，与其在更加平等的网络环境中共同面对亦真亦幻的现实生活。通过谈论他们最喜欢、最难忘、最感兴趣的事情，寻找与他们的共同语言，进行思想沟通，引起感情共鸣，从而打开他们的心扉，使其产生亲近感，形成"接受"的心理定式，为思想政治教育打开突破口。教育者既是思想的导航者、现代知识的开门人，也是网络受众心灵的守护者，这不仅要求高校在开展思想政治教育的时候，做网络受众的知心人，更要做他们的排忧解难者。

（三）促进网络受众情感交流

网络思想政治教育主体要通过网络的服务功能，经常保持与网络受众的接触和交流，主动找他们谈天，与他们交朋友，不但要了解网络受众，也要让网络受众了解自己，在相互了解中接收对方发出的信息，认真进行分析和思考，并及时开展思想政治教育，要在教育中接受情感的熏陶。不要等问题发生后再开始工作，问题解决后又拒网络受众于千里之外，这样，不仅影响教育效果，也不利于教育效果的巩固。因此，高校网络思想政治教育工作者一方面要经常上网，把感情渗透到思想政治教育工作中，注重感情投资；另一方面，要了解教育对象出现的认识上的反复，注意巩固教育成果。

也就是说，网络思想政治教育要"反复抓"和"抓反复"。

（四）实现网络受众思想升华

高校网络思想政治教育工作者要加强感情投资，促进相互理解，充分体验网络受众的心理状态，但这并不意味着思想政治教育的终结。接受性原则的真正目的是在充分理解网络受众的基础上，使网络受众接受帮助、引导，使其实现思想观念的转变，思想认识得到提高，进而在理解、共鸣的基础上实现思想认识的理性升华。这也要求网络思想政治教育工作者在进行教育的过程中，必须通过网上交流、思考、分析，以"动之以情"，实现"晓之以理"和"导之以行"，这样才能完成思想政治教育的全过程，实现网络思想政治教育的工作目标。

第二节　高校网络思想政治教育的方法

开展思想政治工作是我们党的优良传统和政治优势，是精神文明建设中一项基础性工作和搞好"两个文明"建设的基本保证[①]。思想政治教育要想取得最佳实效，确定方法和途径是十分重要的环节。面对信息技术特别是互联网的快速发展，"不创新、不改进，简单地沿用过去老一套的东西是不行的"[②]。网络时代的到来，极大地改变了人们的生产、生活方式，也必然带来思想观念的变化。客观上，这一时期旧的思想观念没有被完全打破，新的思想观念还没有完全形成，必然会出现两种思想观念的"冲撞"。高校网络思想政治教育要防止出现"新戏旧唱"的"断层"现象，这是时代赋

---

① 《社会主义精神文明建设文献选编》，中央文献出版社，1996，第22页。
② 《江泽民文选》第3卷，人民出版社，2006，第93页。

予网络思想政治教育工作者的艰巨任务。

一 交互沟通

高校网络思想政治教育要适时、适当地向青年大学生传递具有特定内容的信息，而青年大学生也要不断地向施教主体进行信息反馈。传统的单向灌输已不适应网络思想政治教育发展的需要，高校思想政治教育工作者要及时地调整思想政治教育的方法，将"单向灌输"变为"交互沟通"，只有尊重人格，平等对话，吸引教育对象思想上、行动上的积极参与，才能发挥教育者与受教育者双方的积极性，达到理想的教育效果。

（一）尊重、理解、信任受教育者

传统的思想政治教育，较多使用摆事实、讲道理的教育方法。教师或教育者通过课堂宣讲、个别谈心、座谈讨论等面对面的方式，对受教育者晓之以理、动之以情，从而促使其提高认识、解决问题、启发自觉。这些方式的针对性强，反馈及时，有一定的优越性。然而，在计算机高度普及的网络化时代，思想政治教育方式却面临着新情况。其一，面对面的教育方式受到时间、地点、场合的限制。课堂宣讲、个别谈心等并非任何时间、任何地点都可以进行，时间、地点、场合合适与否直接影响到教育的效果。其二，教育者精心准备的教育内容，一次只能对特定数量的受众发挥作用。在许多情况下，它持续发挥效果的时间相对较短，容易产生"剧场效应"。听众在现场受到周围气氛的感染，当场教育的效果较好。但听众一旦脱离该特定的环境氛围，教育的感染力便迅速下降。如果要持续保持教育效果，必然要进行多次重复教育①。这样的组织成本偏高。网络的发展要求教育者离开高高在上的讲台，走进纷

---

① 潘宁：《网络文化与高校思想政治教育工作》，《求实》2004 年第 S2 期，第 96~97 页。

繁复杂的网络信息中，尊重受教育者的人格，平等相待，设身处地地为受教育者着想，注意以情感人，真诚地关心他人，理解他人，付出自己的真情实感。通过与之进行交流和沟通，架起一座感情的桥梁。同时，教育工作者应与受教育者进行推心置腹的交流，并在交流中进行思想政治教育，使受教育者心悦诚服地接受教育。

（二）用真情与真理去感动、说服受教育者

网络思想政治教育与传统思想政治教育相比，不存在教育者与被教育者之间的身份差别，也不存在"我说你听"的填鸭式、灌输式教育。在这个不论地位、身份、年龄，人人一律平等的网络环境中，一切交流都是交心讨论式的，交流的形式也是见字不见人，这就有可能使即便最内向的青年大学生也可毫无顾忌地敞开心扉发表见解，人际心理距离缩到最短，各种观点和情感的交流更具有真实性、直接性。当前，计算机的迅速普及必将大大促进网络文化的进一步兴盛，其影响面将更广、更宽、更深刻。网络思想政治教育工作者必须高度重视这一兼容并蓄的网络文化，更新观念，改变方法。一方面是要用深厚的感情去感化对象，积极与之进行沟通，将自己置身于与受教育者平等的位置，将心比心，用心去交流，晓之以理，动之以情，化解疑虑，消除矛盾，送去温情；另一方面要以真理去正确引导网络受众，传达科学健康、积极向上的人生观。这里的感化不是感情用事，也不是滥施小恩小惠，而是要有原则性。在网络思想政治教育中，如果只以情感化，没有理的疏导，教育就会软弱无力，就不会达到使受教育者提高觉悟，并保持工作积极性的目的[①]。因此，网络思想政治教育必须与说服教育结合起来，才

---

① 余国政、袁本涛：《感化教育：大学生思想政治教育的新视野》，《黑龙江高教研究》2008年第3期，第104~106页。

能发挥出最大的效力。

（三） 与受教育者展开真诚沟通

导致青年大学生乐于上网的一个重要因素，就是在这一开放式系统中，网络成员之间沟通的即时性与交互性。在网络聊天室内，你可以不露声色地搅动"四海云水"，呼唤"五洲风雷"；在网络公告板下，你也可以从容不迫乃至于毫不负责地说三道四，指点江山。每个上网者既接收信息，又制造信息；既相互沟通，又相互感染。而促成公众广泛参与、积极投入的前提，就是网络交互性中沟通双方的资格平等。在进行网络思想政治教育时，要保证教育的实效性必须注意谈话与聊天的技巧。首先，要端正谈话的态度，诚恳地与受教育者交谈。要以平等的态度与之相处，不要居高临下，以教育者自居，以教训的口气与之交流，更不要讽刺挖苦，伤害对方自尊心；说话要朴实、中肯，不要给人华而不实、虚情假意之感；谈话要紧扣主题，不要海阔天空，漫无边际，夸夸其谈，给人以假、大、空之嫌。其次，要讲究谈话艺术。与网络受众谈话，要讲究措辞文雅、富有感情、充满善意。要善于启发受众思维，引导他们积极思考问题，发表见解，并从中捕捉信息，发现问题。说话用词要准确、严谨、生动、幽默，切记不要喋喋不休。在网络所构建的这样一个交互式平台上，人们的主体意识会被极大地调动和激发起来，并将使其认知方式与情感评价产生连贯性的感染[①]。

二 主动服务

在传统思想政治教育过程中，思想政治教育工作者处于一种信

[①] 蒋庆华：《论互联网与大学生思想政治教育》，《武汉理工大学学报》（社会科学版）2001年第3期，第287~289页。

息优势的地位。通过这种信息优势地位，他们在教育过程中比较容易树立威信，得到受教育者的尊重，从而更加有利于思想政治教育工作的开展。然而，在网络时代，教育者信息优势地位至少是部分丧失了。青年大学生由于具有反应灵活、接受能力强等优势，可以通过网络方便地查到各种公开或不公开、真的或假的信息，而教育者有时候却面临信息劣势的境地，部分教育者由于没有受过系统的计算机和英语教育，面对飞速发展的计算机和网络科技往往不知所措，上网查询信息很困难。加上繁忙的工作和家庭负担，不少人很难抽出时间进行系统的学习。甚至在教育过程中，教育者所说的东西青年大学生早就知道，而青年大学生嘴里蹦出的新名词和新鲜事却是教育者闻所未闻的①。所以，思想政治教育工作者以往的权威、主导地位受到了挑战。随着网络的发展，广大思想政治教育工作者不仅要放下架子，转变观念，增强危机感与急迫感，努力提高自身的素质，更要千方百计地提高"服务意识"，积极主动地探索为网络思想政治教育服务的有效途径。

（一）建立健全思想政治教育信息网，打造网上思想政治教育的新阵地

思想政治教育信息网既要充当"把关人"的角色，尽可能把一些流入网络的消极信息过滤掉，又要发挥"天平"的作用，对一些难以过滤的消极信息进行平衡②。同时，可通过"论坛""交友""电子信箱""科教馆""心理咨询""热线服务"等载体和形式，对青年大学生进行思想教育。因为网络不仅给师生们带来大量国内外各领域的最新消息，提供广泛的科技知识，而且也成为教育者与

---

① 高庆山：《高校思想政治工作如何迎接网络化的挑战及相应对策》，《黑龙江高教研究》2002 年第 4 期，第 16~18 页。

② 高庆山：《高校思想政治工作如何迎接网络化的挑战及相应对策》，《黑龙江高教研究》2002 年第 4 期，第 16~18 页。

受教育者之间交友谈心、宣泄情感的一个重要场所。这个场所既能隐藏身份又能平等交流，双方可以在这里袒露心怀、倾诉苦乐，也可以在这里探讨人生、吸取经验、领悟哲理。通过网络教育者可以了解青年大学生的真实思想，懂得青年大学生观察和思考的特点，掌握青年大学生的注视焦点和心理动态，并有的放矢、对症下药地为青年大学生服务。

（二）制作生动直观的多媒体思想政治教育软件，积极主动占领网络空间

"在思想政治教育过程中，一方面要坚持和强化对受教育者的社会主义意识形态教育、中华民族传统美德和优秀文化教育，另一方面要努力实现教育方式的现代化、多媒体化。"[①] 要深入研究网络思想政治教育的特殊规律，组织专家制作一批集思想性、教育性、趣味性、适应性于一体的教育软件用于思想政治教育，这样能充分发挥多媒体技术图文并茂、声像交融的特点，可把思想政治教育由"平面"引向"立体"，从"单向"引向"多向"，从"权威"引向"服务"，使思想政治教育更加生动活泼，更加贴近青年大学生的思想。

（三）加强网络思想政治教育的服务功能，提升网络思想政治教育吸引力

拉近青年大学生与正面网站的距离，必须积极尝试网上教育和服务的综合配套，通过更有效、更快捷的服务，增进青年大学生对其中所包含的政治思想内容的认同。在进行思想政治教育时，"不仅要把握时代的脉搏，时时以服务于青年大学生的成长成才为核心

[①] 李超民、李礼：《网络思想政治教育话语权研究》，《华侨大学学报》（哲学社会科学版）2015年第6期，第50~61、125页。

开展工作，也应善于利用先进的设备及技术，使青年大学生的生活、活动永远走在时代的前列"①。要让青年大学生生活信息、工作信息、就业信息等上网，吸引青年大学生，为他们服务。

三　积极引导

网络的发展使传统思想政治教育方法受到了挑战，也为思想政治教育工作者解放思想，转变思想政治教育观念带来了新的机遇，思想政治教育的发展要求教育者改变传统的说教方式，走下居高临下的圣坛，改变原来的"说道士"的身份，深入受教育者的内心世界中去，积极主动地对受教育者进行引导。

（一）平等交流，重在引导

在网络世界里，传统媒体的由一点到多点的单向传播方式已经过时，传统媒介信息传播者的权威已经不存在，网络媒体信息发布和信息接收具有自由、快捷、便利及双向交互性的特点，决定了交流的双方或多方是平等的。网络主体行为的平等性要求我们改变传统的单向的教育渠道和方式。网络思想政治教育主体必须改变居高临下的角色观念，树立新的教师观和新的学生观，把教育对象摆在与自己交流、互动的同一个平台上，利用网上交流的特征，改变传统思想政治教育方式②。将灌输性、命令性、说教式、号召式的思想政治教育方式转变为启发式、参与互动式、讨论式、对话式的方式，积极地与教育对象进行平等交流，引导他们树立远大的理想，树立科学的世界观、人生观和价值观。

---

① 温凤媛：《高校网络文化建设探析》，《沈阳师范大学学报》（社会科学版）2005 年第 6 期，第 65~66 页。
② 冯沈萍：《在网络上唱响思想政治工作主旋律》，《高校理论战线》2000 年第 12 期，第 48~50 页。

（二）改变观念，发挥主动性

网络所具有的知识传播和信息传播功能，使"以教师为中心、以课堂为中心、以教材为中心"的传统思想政治教育教学模式受到冲击。我们应当改变传统的教育观念和模式，"以学生为中心、以生活为中心"开展思想政治教育，否则很难得到青年大学生的认可和信任。我们应当以平等的、诚恳的姿态，利用网络的交互性与青年大学生展开讨论，启发和影响青年大学生，使青年大学生感到可亲可信。只有这样，才能调动他们接受教育的主动性，发挥他们的能动性；才能有利于青年大学生的个性发展，真正体现教育的价值。

（三）引导网络受众自我教育，增强自主、自律的能力

青年大学生既是网络活动的参与者，又是监督者、评论者。在这个无人控制、干预、过问、监管的"电子空间"中活动，无疑对人的思想素质、道德水平、文明程度都提出了新的要求。网络与科学发明一样，也是一把"双刃剑"，在给社会带来巨大进步的同时，也带来了负面的问题，例如信息垃圾、黄毒泛滥、病毒侵入、网上犯罪等，对青年大学生的健康成长带来了负面影响，增加了对青年大学生教育、引导的难度，使思想政治教育面临更加复杂的形势和环境，这就要求我们积极引导青年大学生进一步加强学习，不断提高自身的素质，增强防腐拒变的能力，树立起自主、自律的思想观念。

（四）明辨是非，提升能力

思想政治教育既要传播真理，又要重视传播追求真理的精神和方法。因此，面对网络高新技术特点给思想政治教育带来的挑战，我们必须探索和加强青少年自我教育，把教育定位在"引导和帮

助"上，在对青年大学生进行正确的世界观、人生观、价值观教育的同时，帮助青年大学生掌握辩证唯物主义的方法论，把培养青年大学生自我教育、自我管理、自我约束、自我负责的意识和能力作为教育的重要目标之一，把培养青年大学生用辩证唯物主义分析和解决实际问题的能力、学会明辨是非的能力以及培养青年大学生对各种网上信息的选择能力、辨别和分析的能力放在重要的位置。在帮助青年大学生培养比较、分析信息真伪和信息价值能力的同时，锻炼他们的自主、自律的主体意识和能力，使青年大学生在网上冲浪时，能自觉选择、吸收美好的、善良的、正确的东西，摒弃丑恶的、错误的东西；自觉遵守网络道德，规范网络行为，不在网上做有害社会和他人的事情；帮助青年大学生懂得只有具备较好的文化素质和崇高的道德境界，才能选择科学的意识形态，确立能经受各种挑战的正确的思想观念。

第五章　新时代高校网络思想政治
教育的现实挑战

高校是网络技术发展和应用的前沿，高校师生"触网"的比例远远高于其他社会群体。网络技术在推动高校教育事业发展的同时，也因西方主导意识形态、政治制度和颠覆言论，为各种有害信息的制作与传播提供了条件，给高校网络思想政治教育带来了极大挑战。

第一节　西方多元文化的网络隐蔽渗透

当今世界政治多极化、经济全球化深入发展，世界正处在大发展大变革大调整时期，思想文化交流交融交锋呈现新特点。西方资本主义国家尤其是美国利用自身在信息传播方面的优势，将网络作为文化侵略的工具，极力向中国当代青年大学生兜售西方的价值观念和意识形态，一些西方腐朽的意识形态依托网络渗透到当代青年大学生的日常生活，在一定程度上消解了社会主流意识形态在当代大学生中的话语权。

一　全球化背景下的西方文化霸权

文化之盛衰，民族之兴亡所系。民族文化积淀和传承着该民族的历史和情感，塑造着民族的生存方式和价值规范①。文化有自己独特的价值观和价值内核，并保持相对的稳定性和独立性，引导和规范文化主体的行为。美国文化人类学家本尼迪克特说："个体生活的历史中，首要的就是对他所属的那个社群传统上手把手传下来的那些模式和准则的适应。落地伊始，社群的习俗便开始塑造他的经验和行为。到咿呀学语时，他已是所属文化的造物，而到他长大成人并能参加该文化的活动时，社群的习惯便已是他的习惯，社群的信仰便已是他的信仰，社群的戒律亦已是他的戒律。"② 文化的强盛，不仅可以增强国家巨大的精神凝聚力和对国家的认同感，而且可以凭借这一共同的文化认同营造社会稳定发展的安全环境。"对于以文化精华作为凝结手段的国家来说，确保本国文化的安全是其生存和发展的基本前提之一。一个文化上不安全的国家不可能真正拥有良好的内部和外部安全环境，而文化上处于依附地位的国家的发展方向和进程比较容易受到其他国家的左右或控制。"③

文化与政治、经济相互交融，相互渗透。"文化的价值取向决定经济政策、经济结构，从而决定经济的发展水平和实力，亦即经济安全；经济发展水平和实力又进一步决定社会和军事发展水平，亦即社会、军事安全。反过来，经济、社会和军事的发展水平又为文化发展创造了有利条件和保障基础，提高了文化发展和文化安全的层次。"④ 文化的力量，不仅体现在民族的凝聚力之中，而且逐渐成为综合国力竞争的重要因素。汉斯·摩根索曾在《国家间政治：权力斗争与和平》一书中指出："人们能够设想，如果 A 国的文化，特别是它的政治意识形态连同其他一切具体的帝国主义目标能

---

① 赵子林：《近年来国家文化安全研究的回顾与思考》，《兰州学刊》2011 年第 2 期，第 29～33 页。

② 露丝·本尼迪克特：《文化模式》，王炜等译，社会科学文献出版社，2009，第 1～2 页。

③ 童萍：《当代中国文化安全的现状和对策》，《中共山西省委党校学报》2007 年第 2 期，第 63～65 页。

④ 胡惠林：《中国国家文化安全论》，上海人民出版社，2005，第 17 页。

够征服 B 国所有决策者的心灵，那么，A 国就能赢得比军事征服和经济控制更彻底的胜利，并在比军事征服和经济控制更稳固的基础上建立它的优势地位。A 国将无需为达到其目的而威胁对方，或使用军事力量，或施加经济压力；因为 A 国能够使 B 国服从自己的意志，通过自己优越的文化或更具吸引力的政治哲学进行劝说和诱导，实现自己的政治或经济目标。"① 可以说，谁的文化软实力强大，谁就会在发展中赢得主动。在以西方文化为主流的当今国际文化市场上，东方文化的边缘化，在文化外贸上得到充分的体现。中外文化产业存在的强弱势差距，不仅关系到中国的经济利益，而且涉及文化安全，即中国面临"文化霸权主义""信息殖民主义""网络文化殖民""文化交流逆差""数字鸿沟"的挑战。目前传播于世界各地的新闻，90% 以上由西方七大国生产制作，其中又有70% 由跨国大公司所垄断。美国控制了世界 75% 的电视节目的生产和制作，许多第三世界国家的电视节目 60%~80% 的栏目内容来自美国；而在美国自己的电视节目中，外国节目的占比仅有 1.2%。美国公司出产的影片数量只占全球影片产量的 6.7%，却占据了全球总放映时间的 50% 以上，电影总票房的 2/3。问题的严重性更在于，强势文化在全球文化竞争中居于主导地位，在销售本国文化产品并牟取高额利润的同时，也竭力输出其政治观念、文化观念和价值观念，甚至作为维护其霸权的重要战略②。以美国为首的西方国家利用其"强势文化"通过各种途径对中国进行文化渗透是一个不争的事实。为了维护统治和全球霸权，以美国为首的西方国家提出的"全球开放式"的文化资源战略，为其文化产业的发展建立起了合法化的全球文化资源供应与保障系统，使各国的资源都暴露在国

① 转引自张骥、韩晓彬《论美国"文化霸权"的历史渊源与现实基础》，《当代世界与社会主义》2001 年第 2 期，第 47~50 页。

② 郑百灵、周荫祖：《关于我国文化产业发展的若干思考》，《当代财经》2002 年第 9 期，第 51~55 页。

际文化产业巨头的掠夺与竞争的压力面前。电影作为最国际化、最活跃的媒介产业在美国文化输出中承载着意识形态、价值观念渗透的功能。"据统计，美国电影生产总量虽然只占世界电影产量的6%~7%，但其放映时间却占据了世界总放映时间的50%以上。好莱坞电影在海外市场上已经占领了大片江山，法国电影市场的72%、德国电影市场的90%、日本电影市场的64%、韩国电影市场的50%均为美国好莱坞占领。"[①]

以美国为首的西方国家在文化和观念输出的同时，还夹杂着"消费主义"观念的倾销。消费主义追求"体面"的消费，崇尚过度占有物品，热衷于物品带来的消费体验。布热津斯基曾指出："冷战结束后，西方社会的消费主义的精神特性却改头换面地取代了伦理标准，物质享受上的纵欲无度越来越主宰和界定着个人生存的内容与目标，导致这些社会道德败坏、文化堕落、精神空虚现象严重滋生与蔓延，影响西方文化的安全与吸引力，而且这个社会有解体的危险。"[②] 这绝非夸大其词，这种消费主义文化对我国民众，尤其是对青年大学生产生了较大影响。近年来，"很多迹象表明，虽然中国还远不够富裕和发达，但中国社会已经开始进入大众消费时代，特别是大都市和沿海经济发展较快的地区，'物的体系'对人的包围已经形成，商品消费已经成为人们主要的生活形式，同时，大众文化如洪水般蔓延全国，广告、时装、流行歌曲不仅深入日常生活，而且成为亿万人形成自己道德和伦理观念的主要资源"[③]。人们在这种文化氛围中既是物质产品的消费者，更是特定意识形态符号和理念的消费者。当代青年作为消费的主力军，毫无物

---

①　吴华：《好莱坞电影：美国文化霸权的介质》，《湖南大学学报》（社会科学版）2013年第4期，第156~159页。

②　兹比格涅夫·布热津斯基：《大失控与大混乱》，潘嘉玢、刘瑞祥译，中国科学出版社，1994，第125~128页。

③　安吉拉·默克罗比：《后现代主义与大众文化》，田晓菲译，中央编译出版社，2001，第2~3页。

质贫乏时代的记忆，消费热情一旦被点燃，就热衷于形形色色的物质消费，在无止境的物质消费中迷失了自己应有的社会责任，最终导致价值观的错位①。

二 网络空间中的西方文化渗透

西方国家利用经济全球化，积极推行文化扩张政策，对社会主义国家和第三世界国家发动"没有硝烟的战争"，极力以资产阶级的价值观取代社会主义价值观，以资产阶级思想意识取代马克思主义的指导地位，在意识形态领域对我国构成了严重威胁。和平演变战略的始作俑者杜勒斯就曾叫嚣：如果我们教会苏联的年轻人唱我们的歌曲并随之舞蹈，那么我们迟早将教会他们按照我们所需要他们采取的方法思考问题②。在西方国家，新闻、广播、图书、电影、电视、音乐、舞蹈、戏剧、文学、美术、教育、卫生与科学技术等都是向各国进行思想战、心理战的可被利用的"兵种"③。随着高科技进入传媒领域，以及互联网的广泛运用，以美国为首的发达国家运用强大而系统的全球信息传播网络，通过国际文化交流，传播其意识形态，进行文化扩张和渗透，扩大对社会主义国家的政治生活、社会生活的影响，从根本上影响社会主义价值观，以达到控制社会主义国家的目的。

网络话语权已成为美国实现政治霸权的重要工具。互联网起源于美国，又由美国长期监管。美国将其创制的网络标准推广为全球标准，通过互联网向全世界推销自己的价值标准、意识形态、外交

---

① 黄英：《消费主义的传播对青年文化的影响和引导机制研究》，《理论与改革》2016 年第 2 期，第 172~176 页。

② 李毅弘：《经济全球化视野下大学生社会主义核心价值体系的构建》，《天府新论》2009 年第 5 期，第 146~149 页。

③ 侯飞：《极限运动背后的霸权——评蒂姆·温顿小说〈呼吸〉》，《南华大学学报》（社会科学版）2013 年第 5 期，第 121~126 页。

政策、商业理念和社会文化①。在对外文化扩张和渗透中，美国大力发展全球卫星视听系统以及信息互联网，通过无法阻挡的电波，向其他国家特别是第三世界国家进行文化倾销，以期占领对方的文化阵地。如今，所有互联网业务量的80%与美国有关，全球访问量最多的100个网站中，85个在美国，网上内容80%是英文。网络相关产品绝大部分来自美国，美式英语是通用网络语言，网上传播的是美式商业文化和价值观念，几乎所有互联网运行规则都由美国人控制②。多年来，美国一直标榜"不受限制的互联网"是它的"国家商标"，互联网只有"公海"没有"领海"。然而，"棱镜门"事件却使美国政府在国际社会陷入前所未有的尴尬境地，也引起了包括其欧洲盟国在内的全球各国的反思。"棱镜门"事件，让人们清楚地看到美国的网络"双重标准"：它一边宣扬网络自由，反对别国对网络的监管；另一边却在全球范围内进行网络监控，展开秘密网络攻击。这应了中国的一句老话："只许州官放火，不许百姓点灯。"显然，美国所谓的"网络自由"，是美国统治下的自由，是美国根据自身利益需要滥用网络优势的自由，是美国在政治、经济、军事和文化霸权之外寻求的新霸权：网络霸权③。当今网络空间意识形态斗争的实践表明，传统意识形态斗争借助互联网获得了全新的空间和机遇，日益表现出新特点、新趋向。美国通过互联网进行哲学、宗教、文化、艺术、道德等意识形态传播，大肆散布其政治主张与价值观念，把西方文化渗透到世界的每个角落，诋毁和损害广大发展中国家形象，肆意干涉别国内政，以维持其网络霸权。

---

① 杨雄：《网络对我国青年的影响评价》，《青年研究》2000年第4期，第7~14页。
② 谢玉进：《网络文化与主流意识形态安全》，《电子科技大学学报》（社科版）2016年第2期，第39~44页。
③ 郭纪：《网络不应成为美国霸权新工具——从"棱镜门"事件说开去》，《求是》2013年第15期，第57~59页。

互联网成为西方国家进行意识形态渗透的新工具。以美国为首的西方国家凭借技术优势以及不健全的规则、不合理的秩序，利用互联网对中国青年大学生的求知途径、思维方式、价值观念施加重要影响，通过传播各类错误思想、造谣传谣、制造混乱等方式，竭力影响大学生对社会、对人生、对事业的看法，"企图让互联网成为当代中国最大的变量"，把互联网变成对我国进行意识形态渗透、争夺青年人才的前沿阵地。其通过网剧、网络电影、电子图书、网络游戏等途径向我国大学生传播、渗透西方资产阶级的政治观点、价值观念、生活方式，实行新的文化殖民主义，诱导大学生崇洋媚外。其利用人们思想的多样性，在政治制度、人权、宗教、民族等多个领域发出一些与我国社会发展不相适应的噪声、杂音。其插手我国人民内部矛盾，制造群体性事件，破坏我国的国际形象和国内环境，企图影响大学生对党和国家的政治认同。除此之外，西方国家借助我国发展经济之机大肆宣扬一种"消费主义"的生活方式，并不断把这种生活方式随着产品一起灌输给正处于从传统向现代转型的中国市场，这对部分师生的思想观念产生了很大影响。一些大学生和青年教师在网络上大肆宣扬西方消费主义思想。他们以消费为中心，只讲生活享受，不讲财富创造，不愿艰苦奋斗，把享受与创造对立起来；他们缺乏远大理想，否认个人对社会的责任，主张及时享乐，只注重眼前"实惠"，把追求个人快乐当作人生第一要义，少数人甚至为追求个人享乐走上了违法犯罪的道路。在享乐主义浸染下，高校系统个别领导干部利用自己的权力，进行权钱交易，侵吞国家财产，生活奢侈；少数干部贪图享受，不关心师生实际问题、实际困难，损害了高校干部与师生的关系。

第二节　当代错误社会思潮的网络消解

近年来，多种社会思潮在话语表达上实现了话语形式的某些变化，如采用学术话语的包装形式，来表达它们的政治诉求和价值理念。特别是，西方各种社会思潮，借助网络，经过学术话语的精心包装，加紧在意识形态领域与马克思主义争夺话语权。较之传统媒介，网络中传播的社会思潮更加复杂多元，主流文化与非主流文化、先进文化与落后文化相互交织，对大学生的思想产生了负面影响。

一　社会思潮的生成逻辑

社会思潮是在特定的社会历史条件下，以某种理论为指导，以群体的社会心理为基础，以特定的社会议题为焦点，集中反映一定的阶级、阶层或集团的群体利益诉求并具有广泛影响力的社会意识的运动形态[①]。社会思潮具有阶级性（即政治性、价值性）、时代性、群众性（或社会性、大众性、群体性）、复杂性等特征。阶级性反映的是社会思潮的世界观、立场问题；时代性是从社会思潮产生的社会现实基础来说的；群众性是基于社会思潮对人民群众产生的社会影响而言的。

作为一种特殊的群体意识，社会思潮诞生于当时社会的现实土壤中，"以传统的或当时的某种思想方法为范模，揉合了本民族文化或异源文化的成份和新的社会信息为原料，受时代变迁和社会阶

---

① 朱汉国等：《当代中国社会思潮研究》，北京师范大学出版社，2012，第7页。

级矛盾变化等因素的影响而引发"①。社会思潮客观反映了一定时代的特点，并始终处于动态变化之中。"当某一历史时期某种社会矛盾或问题达到一定程度，首先表现出一定社会集团或群体的社会心理活动超出日常心理范围，产生出某种共同的、比较强烈的心理意向。这个时候，原先积累于社会心理层面的理性因素，便在共同心理意向诱导和激发下，很快凝结为一种意识形态，支持、强化业已出现的共同社会心理。"② 经济、政治和文化条件是所有社会思潮生成必不可少的内在机制。社会思潮生成的经济条件是社会经济运行以及社会经济生活等促成社会思潮产生的各种经济因素的总和。这些因素主要包括"一定社会发展阶段的生产力水平和相应的生产关系，经济制度的性质以及人们的日常物质生活状况"。其中，"生产力水平是最根本的决定性的条件。但它的决定作用不是直接的，而是通过一系列中介，间接、曲折地实现的。人们的日常物质生活状况与社会思潮产生的关系最为直接"③。社会思潮产生的政治条件是以特定国家或社会的政治发展为前提和基础的。在政治发展过程中，政治势力得以形成，政治组织开始建立，以革命或改革为主要形式的政治运动勃兴，最后落定于国家政权的颠覆与巩固。当然，"一种社会思潮的形成，还离不开文化条件，它为思潮的形成提供思想前提和材料来源。文化条件主要包括：文化传统的延续和影响，使有的思潮以复活传统的形式出现，如当代所谓新儒学思潮；其次，现存意识形态及其斗争状况，直接影响思潮的消长；最后，文化领域中的新动向和新因素，如意识形态斗争的转折、社会舆论的转向、理论研究的新进展、自然科学的新发现以及外来学说的传

---

① 萧功秦：《关于开展社会思潮史研究的若干设想》，《上海师范大学学报》（哲学社会科学版）1984年第1期，第74～81页。
② 徐兰宾、刘汉一主编《社会思潮与青年教育》，江西人民出版社，2013，第5页。
③ 梅荣政、王炳权：《论社会思潮总体性研究中的几个问题》，《思想理论教育》2005年第19期，第36～40页。

入等，都为社会思潮的产生提供了土壤、营养和契机"①。

二　当代社会错误思潮的网络传播

社会转型带来了生活方式、组织形式以及利益需求的多样化，引发了社会思潮的多元激荡。利益格局的深刻调整让以观念形式表达主体愿望的社会思潮日益多样化。例如，在政治领域，有保守主义思潮、民主社会主义思潮等；在经济领域，有国家干预主义思潮、新自由主义思潮等；在哲学、文艺等领域，有后现代主义思潮、新儒家思潮等。这些正误并存的西方社会思潮，对中国社会的影响十分复杂，特别是一些从西方转化而来的社会思潮经过加工改造，在一部分人中产生了很大的危害。例如，20 世纪 80 年代，有几种西方哲学思潮在我国十分流行。其中，存在主义思潮、人本主义思潮、后现代主义思潮、新自由主义思潮影响较大，传播较快。

随着改革开放的不断深入，西方一些社会思潮通过互联网平台进行传播和蔓延，对我国影响更加广泛。这些繁杂的社会思潮共生并存于社会转型的中国这个大环境中，相互作用、相互影响、相互交汇融合。有些社会思潮为了扩大自己的群众基础和社会影响力，更加注重吸收其他社会思潮的思想。还有一些国外思潮在经过多元吸收和改造后，"在传播话语上逐步弥合对生活化表达的疏离，通过对日常生活话语的渗透以填补意义鸿沟，从而在更为广阔的日常生活场域中出场，建立起与更大规模的大众群体的互动"②。在学术领域，各种社会思潮的交融共生现象更加明显。这些社会思潮在网络上广泛传播和相互作用，"往往打着'学术研究''还原历史真相''重新认识历史'等旗号利用互联网技术曲解历史，否定、贬

①　刘建军：《论社会思潮的发生、发展与消退》，《学术月刊》1995 年第 2 期，第 4～18 页。
②　徐曼、刘博：《当前社会思潮传播的新特点及有效引领进路》，《思想教育研究》2019 年第 2 期，第 58～61 页。

低民主革命，丑化、矮化英雄形象，诋毁、否定我国的革命文化和社会主义先进文化"[①]。在不同程度上对马克思主义和马克思主义中国化的理论成果提出了挑战，造成了社会成员的思想混乱，消解了对我国主流意识形态的认同。

目前对我国高校影响较大的社会思潮主要有民主社会主义、历史虚无主义、"普世价值"论等，这些思潮不仅有自己的一套理论主张，而且还具有鲜明的政治价值取向。例如，民主社会主义自喻"资本主义床边的医生和护士"，鼓吹用民主社会主义取代科学社会主义，宣扬超阶级的民主、自由观及国家观，充当西方国家对社会主义国家推行和平演变的工具。历史虚无主义则打着"反思历史""还原历史"的旗号，用支流否定主流，以一种倾向否定另一种倾向，随心所欲挑选碎片化的历史故事，任意裁剪，从而达到掩盖历史主流的目的。一些历史虚无主义者更是以"假设"来否定历史事实，把"演义"作为研究的根据，通过自媒体和网络传播错误思想观点，迷惑了不少网民和大学生。"青年是人生从半成熟到成熟的过渡阶段，辨别是非的能力比较弱，对主流的事物本来就容易产生叛逆的情绪。各种社会思潮以其近乎面面俱到的主张和理论宣讲，诱惑青年群体的关注和追捧，往往造成青年对主流意识形态的逆反心理更加强烈。"[②] 这给高校意识形态工作带来了挑战。

第三节　市场经济负效应的网络冲击

市场经济的建立极大地促进了社会生产力的发展，促进了我国

[①]　秦在东、靳思远：《错误社会思潮对我国主流意识形态安全的威胁及其治理》，《思想教育研究》2019 年第 1 期，第 81~86 页。

[②]　刘汉一、王秋霞：《社会思潮影响青年主流意识形态认同的作用机理解析》，《前沿》2015年第 1 期，第 27~29 页。

综合国力和人民生活水平的提高，但市场经济负效应的网络夸大传播，引导大学生错误地根据市场经济的规则去选择、评判意识形态，也给大学生主流意识形态认同造成了冲击。

一　市场经济环境下的非主流价值蔓延

历史唯物主义认为，"意识一开始就是社会的产物，而且只要人们存在着，它就仍然是这种产物"[①]。意识形态和价值观亦然。市场经济不仅是一种经济形式，而且它能够产生一定的意识形态和价值观并以此为支撑。马克思早在《共产党宣言》中就指出全球化、市场化不仅带来了社会结构的变迁，同时还带来了社会意识、价值观的变迁。全球性的生产和交往为西方生产和传播"普世价值"提供了物质基础。正如麦克尔·哈特与安东尼奥·奈格里所言："帝国机器不仅没有消除主宰叙事，而且实际在把这种主宰叙事（尤其是意识形态主宰叙事）不断地生产、再生产出来，以认证、欢庆它自己的权力。"[②] 这些主宰叙事在华丽面纱的掩盖下抢占道德高地，在竞争性话语中发挥着较强的解释力。由此表明，防范非主流价值的难度系数之大，所遭遇的挑战前所未有。

中国从"计划经济为主，市场经济为辅"的方针确立到社会主义市场经济体制的逐渐完善，市场在资源配置中的角色越来越重要，中国日益成为全球市场经济不可分割的有机组成部分。但是市场经济在助推社会发展的同时，其一般特性必然会在国内存在不同程度的反应。市场经济环境下的非主流价值日益蔓延扩展，势必会挤压主流价值观和意识形态的生存空间及影响力[③]。

首先，市场经济背景下人的主体意识的觉醒影响意识形态宣传

---

① 《马克思恩格斯文集》第1卷，人民出版社，2009，第533页。
② 麦克尔·哈特、安东尼奥·奈格里：《帝国——全球化的政治秩序》，杨建国、范一亭译，江苏人民出版社，2008，第37页。
③ 张志丹：《意识形态功能提升新论》，人民出版社，2017，第56页。

教育策略及其功能的发挥。市场经济与计划经济截然不同。一是利益观念凸显。在计划经济时代，人与人之间的利益差别较小，加之意识形态教育机制和集体主义价值观的深刻影响，人们利益观念还比较淡薄。"在市场经济条件下，人们的物质利益诉求迅速膨胀，自我利益的最大化成为市场经济的通行法则，激烈的市场竞争环境进一步强化了人们的利益观念。能否实现自我利益最大化，在一定程度上成为市场环境中自我价值能否实现的判断标准。"[1] 显然，这种彰显私人利益和个人权益的自私观念会不可避免地削弱集体主义的价值原则，消解主流意识形态的影响力。二是大众化批判思维的形成。这种大众化批判思维是建立在自身价值观念和利益诉求基础之上对认识对象的质疑倾向。在计划经济时代，由于社会发育的迟滞，利益结构的同一，加之高度意识形态化的思想文化氛围，不可能形成普遍性的理性反思精神。在当今市场经济条件下，社会存在领域的经济成分多样化，经济利益主体多样化，社会生活方式和组织形式多样化必然引起社会舆论和价值观念的多样化[2]。加之，社会开放环境中人们思想活动的选择性日益增强，从而共同促成了大众化的批判思维的形成。这种批判思维对于传统的以"灌输"为主要方法的意识形态宣传教育策略产生了一定程度的解构作用，进而影响了国家意识形态功能的发挥。

其次，市场体制的不完善和政策执行的偏差带来的权力寻租和贫富差距使国家意识形态认同缺乏实践支撑。改革开放虽然激发了经济活力，提高了人民的生活水平，但由于体制的不健全和政策执行的偏差，在市场化推进中产生了一系列负面后果，这一方面表现为权力介入市场所引发的权力寻租等腐败现象。这种权力寻租行为

---

① 冯宏良：《全球化、市场化与网络化：全新历史境遇下的国家意识形态安全问题》，《中共福建省委党校学报》2016 年第 9 期，第 57~65 页。

② 王娟、骆郁廷：《论新形势下我国网络舆论引导能力的提升》，《思想理论教育导刊》2012 年第 11 期，第 111~114 页。

极大地损害了政府在人民心目中的形象并消解了国家主流意识形态认同的生存空间。另一方面，这种负面后果也表现为贫富分化等社会不公平现象的产生。"市场机制的内在逻辑是追求经济合理性。市场所依存的竞争和效率机制，使得市场本身就具有资源集中和产生垄断的倾向，导致财富和贫困在社会两端积累的马太效应。"① 贫富分化的扩大与追求平等、公正的社会主义核心价值观背道而驰，使社会主义意识形态认同缺乏必要的实践支撑。

二　社会公共事件的舆论发酵

互联网的开放、共享以及交互等特点使网民全球交往成为可能，为知识、文化的深度融合创造了便利条件。不仅深刻改变着人们的生活方式，而且影响和塑造着人们的价值观念。互联网在带给人们便利的同时，其负面效应也在凸显，网络安全、网络谣言、网络信息保护等日益成为人们普遍关注的话题，成为文化和意识形态竞争的主战场。网络在我国普及之后，由于它的传播特性，自然而然成为人们发表言论、表达意见、释放情绪的便利通道。网民将对现实社会以及社会中的各种现象、问题的信念、态度、意见和情绪较为真实地表现在网上，具有相对的一致性、强烈性和持续性，混杂着理性和非理性的因素。但是，"由于网民的组成和匿名特点，网上舆论在表现上非理智成分会更为突出，直截了当的情绪发泄，偏激的语言，甚至谩骂十分常见，而理性分析和冷静讨论则十分缺乏"②。这类舆情不但对问题解决毫无作用，甚至会对网络内容教育效果产生反向作用。网络舆情受信息源的影响较大，新闻领袖、网络"大V"易使网民形成大规模的群体盲从。网络信息容易出

---

① 王邦佐：《执政党与社会整合：中国共产党与新中国社会整合实例分析》，上海人民出版社，2007，第161页。

② 何志武：《大众传媒对弘扬民族精神的制度保障和引导》，《华中科技大学学报》（社会科学版）2005年第4期，第6~10页。

现与现实不符或相悖的情况。一方面，报道不准确或观察角度的差异可能造成群体的理解偏误。由于网络的匿名性和隐藏性，部分网民将网上网下截然分开，将网络道德规范弃于一旁，随意表达情绪、发泄不满，甚至肆意披露他人隐私、谩骂他人、诋毁他人人格，进行赤裸裸的人身攻击等。另一方面，对网络留言和BBS言论的选择性截取或改编，将使舆论逐渐偏离事实真相。在当今多元化的大众传播环境里，信息不透明、不公开极易被认为"有猫腻"，对大众产生不良的心理暗示。一些别有用心的人抓住这个漏洞，利用网络传播虚假消息，散布不实言论，甚至雇用网络写手、水军，对社会难点、热点和敏感问题进行炒作，误导舆情，利用群体施加压力、制造混乱。

一些社会热点问题在网络上虚假传播还会造成高校师生思想不稳定。社会热点问题是社会现实问题的集中反映。由于在体制转轨、社会转型过程中一些问题没有及时处理好，再加上改革中又出现了一些新的问题，一些社会热点问题接连出现。目前网络热点问题主要集中在干群关系、拆迁补偿、环境污染、食品安全、公共道德、司法公正、房地产市场等方面。对于各种各样的网络热点问题，高校师生关注度高，社会热点问题形成后，常常成为高校师生热议的话题，但由于每个人关注的角度不同、兴趣点不同，同一个热点问题出现了不同的评论、不同的观点，甚至会伴随着争论。一些高校师生常常把关注的热点问题引入课堂、论坛等，在高校形成了一种"围观效应"，这种效应既有正面作用，也有负面影响，极易对我国主流意识形态及党的方针政策认同产生一种消解作用。当代大学生正处于价值观形成与发展的关键时期，他们在生理上具备从事社会实践活动的体质和体能，在心理上基本具备独立认识世界、改造世界和完善自我的能力。与其他年代的大学生相比，他们经历了由封闭到开放的社会转变，受到了社会主义市场经济体制带来的新观念的哺育，因而思想更为活跃、更敢于标新立异。

但与此同时，也极易受错误社会思潮的蛊惑和影响，表现出一定的盲目性和摇摆性。随着现实生活中矛盾和冲突的产生，他们往往过高或过低估计自己，在满足需要和价值判断时常常摇摆不定，使"理想自我"与"现实自我"距离较远，从而影响自身对现实的态度。如果高校对社会热点问题的引导不够，没有及时发出正确的、强有力的声音，在社会热点形成以后出现了不敢发声、不会发声、不及时发声的现象，任凭一些错误的、消极的言论在高校流传、蔓延，就势必导致高校师生出现思想、心理、情绪的波动，这种思想、心理、情绪的不稳定现象，使高校师生在一些问题上很难达成共识，思想认识的碎片化必定会削弱意识形态工作的思想基础。

第四节　信息去中心化的网络解构

"去中心化"是网络空间运行的基本方式。去中心化的传播特质给予人们自由表达思想和交流观点的空间，"使社会舆论生长点由传统的'一元'向'多元'扩展，多样化的价值观念、行为方式、生活方式都在新媒体环境中得到凸显和张扬"[①]。同时，网络空间去中心化的传播特质也呈现出无序性的特征，其中蕴含自由主义、实用主义、官僚主义和虚无主义等价值观的网络信息任意传播，影响着大学生的价值评判标准，消解了主流意识形态的权威性。

一　网络的"去中心化"架构

网络空间并非由现实中的物质粒子构成，而是"由数字信号传

---

① 王超、张红霞：《自媒体时代加强大学生意识形态教育探究》，《学校党建与思想教育》2018年第6期，第48~50页。

输和数据信息流动所构筑起来的一个虚拟形态的电子场域"。作为"第四媒体",网络空间具有"去中心化"的特点,即连接入网的每一台电脑都可以作为一个信息源向网络输送信息。网络空间的"去中心化"与网络空间的虚拟结构直接相关。"分布式结构体系"取代了以往的"金字塔式结构",网络空间呈现出一种扁平化的分布结构。网络空间最早应用于美国的军事系统,出于对保障信息传递的绝对安全的考虑,ARPA网(互联网的前身)在创建伊始就遵循"离散式"的结构设计。它并不设置中央处理器这一"中心",目的就在于无论哪一个节点被破坏,信息传递仍能保持畅通,从而出现了每个点都是中心,每个点又都不是中心的全新架构。随着"TCP/IP"协议的广泛应用,不同计算机、网络在这种理念的指导下实现了空间任何两点的"P2P"连接。

网络空间的"去中心化"特征与围绕这个特征的网状传播扩散辐射区域共同构成了传播的区域。这种特征与传统的信息发布中心存在明显的区别,传统的信息发布主要依靠政府部门、传媒企业等固定的传播节点,其优势是能够广泛集中强势传播资源、拥有较强信息处理能力,公众所知晓的信息往往都要通过电视台、广播台等机构的过滤,由这些节点发出。而由"去中心化"特征所实现的网络的普遍赋权使得每一个普通网民的发声权利在形式上都是平等的,但实际上随着舆论的焦点不断转换,以及随着此热点事件的降温和彼热点事件的兴起,网络舆论中心也在随时间变换而变换,并不是一个相对固定的传播节点。在网络社会中,"去中心化"的特性使得每个人都可能成为信息传播中心即信息源,每个人的言论行为都会带来一定影响。人从现实社会进入网络社会后,似乎减少了外在的诸多束缚,能够享受到更多的自由,但在匿名的虚拟空间中,在缺少有效的外部监管条件下,容易使一些人为所欲为、忽视社会责任、违反法律法规乃至从事犯罪活动。个人看似自由的言论行为却因为自身的责任与道德缺失而造成了其他人的权益受损、社会秩序的破坏甚至影响到国家安全，这同时也给人的自由全面发展带来了巨大的负面影响。

二　网络空间的虚假信息传播

近年来中国网络事业迅猛发展并且已超越美国成为世界网民数量第一大国，美国利用网络技术优势和"网络信息强势地位"，"通过门户网站、社交网站以及即时通信工具等渠道，将资本主义意识形态和价值观附着在有倾向性的信息、篡改的信息甚至捏造的信息中，传播西方思想文化和意识形态，诋毁和批判中国主流意识形态和民族文化，片面渲染、刻意放大我国的各种问题，甚至制造各种社会谣言，煽动人民的不满情绪"[①]。据国家计算机网络应急技术处理协调中心发布的《2019 年我国互联网网络安全态势综述》："2019 年，我国境内遭篡改的网站有约 18.6 万个，其中被篡改的政府网站有 515 个。2019 年，国家互联网应急中心共监测到境内外约 4.5 万个 IP 地址对我国境内约 8.5 万个网站植入后门，我国境内被植入后门的网站数量较 2018 年增长超过了 2.59 倍。其中，约有 4 万个境外 IP 地址（占全部 IP 地址总数的 90.9%）对境内约 8 万个网站植入后门，位于美国的 IP 地址最多，占境外 IP 地址总数的 33.5%，其次是位于英国和中国香港的 IP 地址。"[②] 由此可见，互联网已经成为以美国为首的西方国家输出其价值观和制度模式，对其他国家进行思想文化渗透，甚至策动"颜色革命"的利器，我们必须对此高度警惕。

互联网传播的有害信息腐蚀着高校意识形态工作的思想基础。

[①]　冯宏良：《全球化、市场化与网络化：全新历史境遇下的国家意识形态安全问题》，《中共福建省委党校学报》2016 年第 9 期，第 57~65 页。

[②]　国家计算机网络应急技术处理协调中心：《2019 年我国互联网网络安全态势综述》，https://www. scdsjzx. cn/scdsjzx/ziliaoxiazai/2020/4/21/13d102b3e5ec49f9b41a4a3974af9e29/files/c0d7c4cfb48949dc8df17e0413bd25a1. pdf。

高校是互联网使用频率最高的场所，师生每天都花费大量的时间在互联网上查阅资料和信息，大学生作为网络群体中的活跃分子，易受到不良信息的冲击和腐蚀。享乐主义、拜金主义、极端个人主义等极易侵蚀大学生的思想观念，造成大学生价值观的迷失和蜕变；网络中充斥的色情、暴力、颓废等方面的信息极易腐蚀大学生的思想品德。网络的自由性、开放性，也容易使青年形成对自由的盲目崇拜和对一切权威的蔑视，在一定程度上会引发无政府主义、利己主义、极端个人主义思想观念的滋长[①]。网络的虚拟性也易使个别大学生摆脱现实社会道德、伦理、责任、规范等方面的约束，使其社会责任感缺失、道德行为失范，在这些不良思想意识的支配下，他们的政治信仰极易淡化，价值观也呈现多样化，这对宣传高校主流意识形态构成严峻的挑战。互联网的发展提高了高校意识形态工作的开展难度。在互联网的影响下，高校意识形态工作难以把控网络信息传播源头和网络信息传播过程。首先，网络是一个兼容体系，它包含了大量难以核实真实性的实时信息。美国学者马克·斯劳卡认为，在网络空间"从来就没有什么核心的自我，在每个人的头脑之外，也从不存在什么客观的现实"[②]。自由化、个体化是网络信息传播的特点，它打破了意识形态封锁与时空边界，让信息量急剧增加且参差不齐，看似繁荣景象的背后，其真实可靠性较低。一切与身份、地位有关的个人信息都被刻意掩藏，真相与谎言的边界渐渐模糊。正如阿尔文·托夫勒所言："事实上，发送者是什么人，这本身就是任何信息的一个至关重要的组成部分。"[③] 一旦信息源不明，其真实性也就难以保证。大学生社会经验不足，辨别是非的能

---

① 刘佩健：《高校马克思主义意识形态话语权优化路径论析》，《扬州大学学报》（高教研究版）2018年第6期，第19~22页。

② 马克·斯劳卡：《大冲击：赛博空间和高科技对现实的威胁》，黄锫坚译，江西教育出版社，1999，第45页。

③ 阿尔文·托夫勒：《力量转移——临近21世纪时的知识、财富和暴力》，刘炳章等译，新华出版社，1996，第304页。

力弱，极易受虚假信息的影响，被虚假信息蛊惑。其次，传播过程难以控制。网络媒体时代与传统媒体时代不同，网络媒体所传播的数字信息一旦产生就会被特定的符号所替代。这样，信息的传播实质上就成为某种符号的传播。这种符号传播是周而复始的，一个信息传播完成后，便马上进入了下一个传播过程。在网络传播中，符号被无限循环传递，其意义不断丰富，其位移不断产生，传播过程难以控制。

第六章 新时代高校网络思想政治教育的工作状况

高校网络思想政治教育是高校思想政治教育工作的重要内容，其现状如何"直接影响到高校能否坚持马克思主义的指导地位、坚定社会主义办学方向、培养合格的社会主义建设者和接班人，以确保党和国家教育事业的可持续发展"①。准确把握高校网络思想政治教育现状，可以进一步为牢牢掌握高校意识形态工作主导权提供重要的现实依据。

第一节 调研问卷、访谈的设计及实施

调研问卷、访谈的有效设计和实施是客观展开调研的基础。全面了解高校网络意识形态工作现状，必须科学设计调研问卷和访谈提纲，确定选择样本的方法，有效设置研究过程。

一 调研问卷、访谈的设计

（一）设计目的与原则

调研的质量和结果的好坏关键取决于问卷和访谈的设计。因

---

① 覃事太、吴长锦：《加强高校意识形态建设的若干思考》，《思想理论教育导刊》2012年第12期，第97~99页。

此，问卷和访谈的设计既要满足分析目标的需求，又要能够准确收集数据，还要便于记录和后期整理。在本书中，问卷调研的主体是学生，调研目的主要体现在三个方面。第一，从学生视角全面了解当前高校开展网络意识形态安全治理的现状，包括开展网络意识形态安全治理的意义、途径以及进行网络意识形态教育宣传的方式、方法等。第二，客观掌握当前高校第一课堂（思想政治理论课）、第二课堂（校园社团活动）以及党团组织开展网络意识形态教育的效果，从学生的立场探究影响网络意识形态教育效果的因素。第三，准确了解当前高校网络意识形态教育的开展及宣传情况，分析当前高校网络意识形态教育的实际效果及影响因素。深入访谈的对象是教师，访谈目的体现在四个方面。其一，了解当前高校领导干部和广大教师对加强网络意识形态教育，扎实开展网络意识形态工作必要性的认知。审视高校是否重视网络意识形态安全治理，是否制定了网络意识形态安全治理的相关实施方案，是否常态化开展网络意识形态主题教育活动等。其二，了解当前高校网络意识形态安全治理体制机制的构成及运行状况等。其三，了解当前高校网络意识形态安全治理的工作队伍建设、人员构成以及整体素质等基本情况。其四，了解当前高校在意识形态阵地管理、党团组织建设、网络意识形态教育宣传方面所采取的措施等。

问卷和访谈是获得特定信息的工具，其内容应当涵盖调查所希望了解的所有信息，若相关问题没有在调研中得到呈现，这样的问卷或者访谈是不合格的。作为调查脚本，问卷和访谈的措辞和结构应当是精确的，必须遵守一定的设计原则。在本部分，问卷和访谈的设计遵守客观性、逻辑性以及明确性的原则。

（1）客观性原则。所谓客观性，是指问卷以及访谈紧紧围绕调研主题拟定问题，提问目的明确，重点突出，问题表述客观、准确，不带有诱导性或倾向性的暗示。

（2）逻辑性原则。所谓逻辑性，主要指问卷以及访谈的设计要有梯度性和层次感，每个问题之间要有关联而不存在逻辑错误。

（3）明确性原则。所谓明确性，是指问卷及访谈设置问题的规范性，具体包括问题选项是否存在歧义、是否存在误导性以及访谈对象是否能准确作出回答等。

（二）样本采集方法与样本确定

（1）样本采集方法。样本采集方法一般可归结为两类：概率抽样与非概率抽样。概率抽样分为简单随机抽样、系统抽样、分层抽样、整群抽样、多级抽样等。非概率抽样的样本主要基于研究者的主观判断而确定，包括便利抽样、判断抽样、定额抽样、滚雪球抽样等。在本书中，问卷调研主要采取分层抽样的方法。分层抽样实施起来灵活方便，而且便于组织，适用于调查本身既需要对总体进行评估，也需要对局部（层）进行估计的情况。具体而言，先将总体中的单元按某种原则划分成若干子总体（又称为"层"），然后在每层中独立进行简单随机抽样。

（2）样本确定。考虑到调研的便捷性和可操作性以及高校的学科类型，本次访谈和问卷发放选取部分具有代表性的高校开展，其中一类本科、二类本科以及高职高专学校各4所，共计12所。每所高校选取3~4名教师或基层党政干部进行访谈，共访谈40人。每所高校发放学生问卷100份，共发放1200份，通过严格筛查剔除无效问卷110份（所有问题均选择同一答案或者大面积空缺均视为无效问卷），回收有效问卷为1090份，有效问卷回收率为90.8%。学生问卷的基本信息如表6-1所示。

表 6-1　调研对象基本情况

单位：人，%

项目	内容
性别	男 503（46.1）；女 587（53.9）
专业	人文社科类 462（42.4）；理工科类 351（32.2）； 艺体类 162（14.9）；其他 115（10.6）
年级	一年级 336（30.9）；二年级 294（27.0）； 三年级 271（24.9）；四年级 189（17.3）
学校类型	一类本科 382（35.0）；二类本科 347（31.8）；高职高专 361（33.1）
政治面貌	共产党员（含预备党员）235（21.6）；共青团员 782（71.7）； 民主党派成员（0）；群众 73（6.7）

二　研究过程

（一）查阅相关文献，编写预试问卷

目前，关于高校网络意识形态安全治理的调研问卷和访谈提纲的设计，并没有固定的模式和统一的标准。国内大多数专家和学者都是通过自行编制问卷和访谈提纲来完成调研的。本书通过查阅和梳理大量有关高校意识形态工作的相关文献，在借鉴前人研究成果的基础上，初步拟定调研问卷和访谈提纲，经过反复征求有关专家、学者的意见后，确定预试问卷和访谈提纲的内容，力求达到科学严谨、客观全面地反映实际情况。

（二）问卷施测、修改及信效度检验

预试问卷和访谈提纲编制完成后，随机选取部分学生和教师进行预调研，根据预调研反馈的结果将问卷和访谈内容的表达方式、题目数量等进行调整和修改，使问题更加通俗易懂，更加符合调研对象的实际。为进一步验证调研问卷的科学性，本书运用统计分析软件 SPSS 21.0 对问卷进行了信度和效度检验，测得克隆巴赫系数

（Cronbach′s alpha）为 0.853，说明问卷内部一致性较好。经过因子旋转后得到的因子载荷矩阵表明：量表结构效度较优，所得结果具有分析价值。

（三）形成最终问卷，开展正式调研

根据检验结果对问卷内容进一步优化和调整，最终形成"新时代高校网络意识形态安全治理调研问卷"（以下简称"调研问卷"）和"新时代高校网络意识形态安全治理访谈提纲"（以下简称"访谈提纲"）。"调研问卷"由两部分构成：第一部分为学生的基本信息，包括性别、专业、年级、学校类型以及政治面貌；第二部分为问卷主体，涉及学生对高校网络意识形态安全治理的认知，高校网络意识形态安全治理的内容、方式以及效果等。"访谈提纲"包括广大教师及领导干部对网络意识形态安全治理的重视程度、高校对网络意识形态阵地的管理、高校网络意识形态安全治理工作队伍的建设等方面。正式调研时间为 2024 年 3 月至 6 月，考虑到便捷性、简洁性，调研利用问卷星线上进行，访谈借助网络平台开展。

（四）调研数据的处理、分析

回收所有问卷和访谈提纲，然后进行筛选、整理，剔除无效问卷和访谈内容。将有效问卷的数据人工输入计算机，使用 SPSS 21.0 统计软件进行数据分析。对访谈内容进行归类和质性分析，从中总结出重要观点。

第二节　高校网络思想政治教育概况

党的十八大以来，各高校认真学习贯彻习近平总书记关于意识形态工作的重要指示精神，高度重视网络意识形态安全治理，常态化开展网络意识形态教育活动。同时，深入贯彻党中央和教育部党组关于意识形态工作的各项决策部署，不断加强师资队伍建设，完善网络意识形态工作的体制机制，网络意识形态安全治理取得了诸多进展。

一　普遍重视网络思想政治教育工作

思想是行动的指南，思想上不重视，要求上不严格，绝不能把工作做好。通过教师访谈和学生问卷调研发现，各高校党委思想上高度重视网络意识形态安全，坚决贯彻落实党中央关于意识形态工作决策部署和指示精神。各高校纷纷成立了以校党委书记为组长，分管领导为副组长，相关单位和部门负责人为成员的意识形态工作领导小组，统筹协调全校意识形态工作。按照分级负责和谁主管谁负责的原则，各级领导班子对本单位意识形态工作负主体责任。党委书记（党总支书记、直属党支部书记）是第一责任人，带头抓意识形态工作，批评错误观点和错误倾向，重要工作亲自部署、重要问题亲自过问、重大事件亲自处理。党委（党总支、直属党支部）分管领导是直接责任人，协助党委书记开展协调统筹工作。高校意识形态工作体现在具体工作中，主要有师生思想政治工作、文化建设工作、精神文明创建工作等，相关工作还包括教学、科研、网络安全、校园安全稳定、舆情危机处理工作等各个方面。这些工作大都不是一个部门就能完成的，而是由多个部门共同协作完成。因此，为统筹相关部门做好工作，各高校都成立了包括相关负责部门以及单位的领导机构，如"精神文明建设工作领导小组""思想政治工作领导小组""大学文化建设工作领导小组"等。这些领导机构均由学校的党委书记、校长或主管副书记担任组长，代表学校党委统一领导。相关主管部门、职能部门以及有关成员单位在学校党委的统一领导下，共同开展工作。除此之外，各高校按照制定的实施细则进行分工，层层落实责任，并且制定了行之有效的监督检查办法，以确保工作持续有效推进。例如，实施细则中明确规定校党委宣传部作为学校主管意识形态工作的综合职能部门，在校党委统一领导下，履行宣传思想阵地管理的职责；校团委对社团组织负有监管和指导职责，监管社团运作，引导社团动向，指导社团活动开展；教务处承担课堂以及网络教育教学管理的责任，对课堂和网络教学过程进行监管；科研处对涉外科研合作、国际合作交流项目、国际会议管理以及其他涉外科研交流与合作活动有审查、上报和管理的职责。

各高校还定期召开意识形态工作专题会议，研究部署网络意识形态建设工作。在高校意识形态工作中，党的领导始终居于主导地位。各高校党组织把意识形态工作与教育教学、科学研究以及校园文化建设相结合，共同计划、研究、部署和考核，并把它作为重要内容纳入领导班子考核指标。各高校党组织还建立了关于意识形态工作的检查考核制度，把意识形态工作列入领导班子和领导干部综合考核体系，纳入党建工作责任制考核。高校党委常委定期召开意识形态工作专题会议，聚焦具体问题，研究部署当前和下一阶段的意识形态工作，并且围绕学校网络意识形态阵地管理的现状、薄弱环节、整改状况等展开研讨，分析研判网络意识形态领域情况，辨析思想文化领域的突出问题，对重要事件、重要情况中的倾向性、苗头性问题，有针对性地进行指导，及时作出工作安排。部分高校党委还要求各级党组织至少每学期向上级党委专题汇报一次意识形态工作，各级党组织班子成员必须把意识形态工作作为民主生活会和述职报告的重要内容，接受监督和评议。

二　常态化开展网络思想政治教育活动

人的意识、思想观念并不是头脑固有的、主观自生的、先验的，而是对现实、客观事物的反映，通过学习和实践获得的。关于意识形态主阵地，社会主义思想和优良的风尚不去占领，落后的、错误的思想和不良的社会风气就必然会占领[①]。学习从中央到地方各级意识形态工作会议的精神是统一思想认识，准确把握形势，扎实有序地推进当前和今后一个时期各项工作的基本保证。各高校通过学习、理解、内化会议内容，把新理念、新思想、新战略等重要资源传递给广大师生，进而形成思想基础和凝聚力。调研发现，各高校党委把学习贯彻相关会议精神作为一项重要政治任务，通过自学、专题研讨、会议培训、互动交流等多种形式，深入领会上级意识形态工作相关会议提出的新精神、新思想、新理念，并且层层传达，制订系统学习计划，列出专题进行研讨，引导全校广大师生把思想和行动统一到会议精神上来、把智慧和力量凝聚到落实会议提出的各项任务上来。有些高校充分利用新媒体、网站、学报、橱窗、校园广播等宣传阵地，紧密围绕主题开展形式多样的学习活动，积极把会议精神传播到广大师生中去，深化师生对会议精神的理解。有些高校将学习教育制度化，而且领导同志率先垂范、以身作则、层层引领、逐级带动，帮助广大师生深刻理解、准确把握会议精神实质和科学内涵。还有些高校以学习贯彻会议精神为契机，将会议精神与学校学科建设、人才培养、学术研究、社会服务、文化传承创新、管理服务等工作密切结合，贯彻落实到下一阶段的工作谋划和工作实施中。

为进一步巩固马克思主义在高校意识形态领域的主导地位，增强广大师生对主流意识形态的认同感，提高其对非主流意识形态的鉴别能力，各高校依托微信、微博、直播等学生喜闻乐见、覆盖面广的媒体形式，认真策划、组织和实施网络意识形态教育活动。有的高校以继承和弘扬中华优秀传统文化为主题，在清明

---

① 《江泽民文选》第1卷，人民出版社，2006，第276页。

节、端午节、中秋节期间，积极组织学生在网络上开展传统文化教育活动，着力引导学生认识传统、尊重传统、继承传统、弘扬传统，增进学生爱党、爱国、爱社会主义情感，增强民族精神的感召力和凝聚力，让学生在实践中更好地感悟体验中华优秀传统文化的魅力。有的高校依托学生公益类社团组织，在网络上积极开展志愿服务、公益环保等社会实践活动，以及培育和践行社会主义核心价值观的爱心公益活动，并利用学生奖助学金的育人功能，进一步倡导和引导广大学生心怀感恩。还有的高校在官方网站的显著位置开设了"民族复兴中国梦""中国梦·我的梦"等专题专栏，综合采用通信、消息、特写、图片、记者采访等多种形式，积极开展"中国特色社会主义和中国梦宣传教育"活动，深入宣传实现中国梦的重大意义、基本内涵、重要遵循和本质属性，动员和激励全校师生坚持中国特色社会主义，为实现中华民族伟大复兴中国梦而努力奋斗。

三 网络思想政治教育队伍素质不断提升

高校网络意识形态工作队伍建设是一项固本工程，事关高校肩负的历史使命。中共中央、国务院在《关于加强和改进新形势下高校思想政治工作的意见》中强调，为深入贯彻党的十八大以来党中央关于高校工作的决策部署，牢牢把握高校正确发展方向，扎实办好中国特色社会主义大学，首次提出"加强教师队伍和专门力量建设"，要求"配齐建强思想政治工作队伍和党务工作队伍"。习近平总书记在全国高校思想政治工作会议上也指出："长期以来，高校思想政治工作队伍兢兢业业、甘于奉献、奋发有为，为高等教育事业发展作出了重要贡献。要拓展选拔视野，抓好教育培训，强化实践锻炼，健全激励机制，整体推进高校党政干部和共青团干部、思想政治理论课教师和哲学社会科学课教师、辅导员班主任和心理咨询教师等队伍建设，保证这支队伍后继有人、源源不断。"①
当前，各高校网络意识形态工作队伍构成的主体主要是高校党政干
部、共青团干部、思想政治理论课教师、辅导员和班主任、哲学社
会科学教学科研人员以及网络宣传工作人员。调研发现，各高校建
立了较完备的教育培训体系，队伍教育培训也日益规范化、科学
化。针对思想政治理论课教师，高校基本上采取了国家示范培训、
省级分批轮训、学校全员培训紧密衔接、相互补充的三级培训体
系，教师培训内容和形式不断丰富创新，教师培训质量不断提升。
所有高校都把思想政治理论课教师和辅导员队伍建设纳入学校师资
培训规划和人才培养计划。多数高校能够立足实际和队伍特点，制
订年度培训计划，分期、分批组织思想政治理论课教师和辅导员进
行培训。有的高校注重普遍轮训和重点培训，广泛开展以提高意识
形态工作能力为主题的专题培训，覆盖面广，基本涵盖了党政干
部、共青团干部、辅导员、思想政治理论课教师、哲学社会科学教
学科研人员以及网络宣传工作人员等主要力量。还有的高校针对意
识形态工作队伍尤其是思想政治理论课教师和辅导员，采取了多样
化的培养方式，做到理论研修与实践锻炼、工作交流与竞赛促学、
校内培训与校外考察、国内学习与国外研修相结合，形成了贯穿职
前与职后，政治培训与业务学习相结合的培养模式。近几年，各高
校通过落实补充计划、实施培养方案、深化改革与完善机制等多种
方式加强师资队伍建设，师资队伍总体素质有了较大提高，人员结
构逐步得到改善，为自身的学科建设和发展提供了坚实的基础。具
体表现在以下两方面。

　　一是队伍具有坚定的政治立场。大多数教师理想信念坚定和有
正确的政治方向，信任党和政府，对基本政治理论问题的看法比较
成熟，能够正确认识重大理论问题，普遍关注重大现实问题。在教

---

① 《习近平谈治国理政》第 2 卷，外文出版社，2017，第 379~380 页。

育教学过程中，主动用马列主义武装自己的头脑，不断加强自身世界观、人生观和价值观的改造，运用辩证唯物主义和历史唯物主义的立场、观点和方法去分析和观察事物，明辨是非，坚持真理；在现实生活中，认真学习党和国家现行的各项方针政策，不断强化法治观念，自觉遵守宪法和社会公德，遵守校纪校规，讲文明，以模范行为为学生作表率；在思想上积极抵御"新自由主义""民主社会主义""个人主义"等一些社会思潮的影响，并引导学生以科学的世界观和方法论正确地认识世界。他们具有高尚的品德和职业道德，遵守社会的道德规范，能够做到自重、自省、自警、自励、自强，以身作则，言行一致。

二是队伍具有较强的能力素质。多数教师身上具备"精""宽""新"的特点，拥有学科专业知识和其他相关学科知识，掌握教育教学过程的基本特点和规律、教学原则、教学方法以及大学生的心理特点。"精"是指教师对任教科目的知识体系结构十分熟悉，了解并掌握相关学科的前沿信息，能用跨学科的思维分析和思考领域中的相关问题。"宽"是指教师具有丰富的相关学科知识背景，在教学过程中能旁征博引、举一反三，充分调动学生探寻新知识的积极性。"新"是指多数教师具备新知识汲取能力以及教学反思能力，在教学过程中能准确把握学科发展的动态和方向。值得一提的是，高校师资队伍中的广大青年教师有着强烈的提高自我知识水平、技能水平和学历层次的愿望、动力，发展自我的意识强烈，善于接受新鲜知识，主动发现新问题，勇于探索构建新理论、新知识体系，敢于发表自己的观点，积极参与竞争并在其中展示自身的素质和水平。

四 网络思想政治教育机制逐步健全完善

"在基于以共同目标而集合起来的共同体中，制度是组织赖以存在和发展的基础。"① 大学作为一个独立存在的学术共同体，自然也需要制度的建构。夸美纽斯曾指出，制度是学校一切工作的"灵魂"，"哪里制度稳定，那里便一切稳定；哪里制度动摇，那里便一切动摇；哪里制度松垮，那里便一切松垮和混乱"②。通过访谈发现，当前各高校已经形成了党委统一领导、党政齐抓共管、宣传部门组织协调、有关部门分工负责的网络意识形态安全治理格局和基本架构。具体而言，高校范围内与网络领域意识形态安全建设相关的工作由党委负责，党委对网络意识形态工作具有领导权。这种领导权主要体现在政治、思想以及教育三个方面。党委职能部门与行政职能部门共同参与、有效协同、相互融通，保证网络意识形态建设从整体决策到具体实施的渠道畅通，进而发挥承上启下的联系和纽带作用，使网络意识形态建设具有连贯性。宣传部门作为高校网络意识形态建设开展的关键部门，一方面组织协调工作内容，将宣传内容与学校发展实际、广大师生的实际需求结合起来，有效推动意识形态的宣传工作。另一方面组织协调工作方式，将标语、课程、讲座等传统方式与现代化的媒介充分结合，推进网络意识形态的建设。相关职能部门包括教务部门、科研管理部门、网络信息管理部门以及其他监督监察部门等。教务部门通过建立网络课堂教学管理体系，确保网络课堂教学意识形态阵地安全，要求授课教师始终坚持正确的政治方向，遵守政治纪律，防止出现制造、传播政治谣言以及歪曲和丑化党和国家形象的言论。与此同时，教务部门还应联合科研管理部门对线上讲座、论坛、报告会、研讨会、读书会、学术沙龙等进行全面管理。学校网络信息管理部门则通过网络舆情监测系统对高校的网络意识形态安全问题展开监测，及时掌握广大师生的网络动态，并针对校园网出现的网络

---

① 张侃：《论大学的组织属性与内外部制度结构》，《黑龙江高教研究》2011年第3期，第35~38页。

② 任钟印选编《夸美纽斯教育论著选》，任宝祥等译，人民教育出版社，1990，第243页。

意识形态安全问题提供应急预案。有关监督监察部门则通过明确意识形态工作检查考核的内容、方法、程序，按照"党委统一领导、党政齐抓共管"的要求，定期对学校网络意识形态建设的情况和效果进行督察，并要求各院系基层党委定期向学校党委与监督部门进行专题报告。

各高校纷纷建立了形势研判、信息研判、责任追究等机制有效推进网络意识形态建设。形势研判机制以社会出现的舆论导向为依据，调查研究师生的参与情况并分析判断师生思想的发展倾向和动态变化，并通过师生思想动态调研、网络舆情信息监控等形式开展意识形态收集工作，及时准确地掌握师生对社会主义意识形态的认知和践行能力。一般而言，思想动态调研和网络舆情信息监控由学生管理部门、党委宣传部门等联合开展，通过多种形式进行舆情信息的监控、收集和管理，工作的形式主要包括个别走访调研、座谈调研、问卷调研等。信息研判机制是针对突发事件的意识形态信息进行研判，一般在学校、学院（系）两个层面开展。学校层面主要分析研判重大、突发事件的意识形态信息，学院（系）层面一般针对重要程度较低、日常性的意识形态信息。责任追究机制是高校意识形态工作在前期预判、中期决策推进、后期效果反馈过程中出现的决策失误、措施失当、谎报或不报意识形态领域出现的问题时，对相关责任部门和责任人进行责任追究的制度。基于意识形态主体责任制落实的要求，各高校党委、基层党委还签订了意识形态工作主体责任书。通过访谈还了解到，当一件意识形态工作个案落实完毕后，多数高校能通过情况通报、工作简报等形式及时地将相关情况反馈给职能部门，使其及时反思、总结经验，避免类似情况再次发生，或者在遇到类似事件时能够更妥善地处理。这为进一步开展意识形态工作积累了经验，打下了基础。

第三节　高校网络思想政治教育短板

高校网络意识形态安全治理是事关中国特色社会主义事业后继有人的重要工作。在党中央坚强领导下，高校网络意识形态建设保持了良好平稳态势，为人才培养、改革发展和社会稳定提供了强大思想保障和舆论支撑[①]。但是，面对新时代新形势新任务，高校网络意识形态安全治理还存在一些薄弱环节。

一　重视程度不够，思想认识虚化

马克思主义是社会主义意识形态的灵魂和旗帜。坚持马克思主义指导地位不动摇，是我们党在世界各种思想文化相互激荡的形势下，在错综复杂的意识形态领域的斗争中，不断提高建设社会主义经济的能力，不断创造出先进的社会主义崭新文化的根本政治保证[②]。在高校，"坚持马克思主义在意识形态领域的指导地位，既是党领导高校的政治体现，也是中国高等教育发展规律的内在要素。无论是高校的办学性质，还是培养人才的根本任务要求，都必须持之以恒的予以坚持"[③]。

然而，高校的重要使命和主要任务是什么，如何运用网络多媒体手段加强主流意识形态教育，落实好实现好立德树人这一根本任务，在一些高校并没有完全形成共识。随着我国社会主义市场经济体制逐步完善，市场在资源配置中的决定性作用日益凸显。一方

[①] 黄蓉生：《意识・能力・机制・平台——高校意识形态工作队伍构建要义》，《光明日报》2016 年 5 月 15 日。

[②] 徐贵相：《遵循先进文化发展规律 不断提高党建设社会主义先进文化的能力》，《思想理论教育导刊》2005 年第 3 期，第 35~38 页。

[③] 张维维：《坚持马克思主义指导地位 做好高校意识形态工作》，《中国高等教育》2015 年第 23 期，第 20~22 页。

面，社会转型推动了经济的发展、生产力的提高，甚至是生活方式、文化习俗、价值观念的转变；另一方面，社会转型造成了人们价值观的扭曲、道德的滑坡、行为的失范等消极影响。大学生是国家未来发展的中坚力量，是中国特色社会主义道路的建设者，但其思想意识及价值体系还尚未完善，容易受社会主义市场经济带来的拜金主义、利己主义等不良风气的影响。当前高校的主要任务和重要使命是立德树人，为党和国家培养合格的社会主义建设者和可靠的接班人。因此，在万物互联、深度融合的网络环境下，高校必须加强主流意识形态教育，"要用马克思主义理论，特别是要用习近平新时代中国特色社会主义思想引领青年、培育青年，提高青年的全面素质，促进青年的全面发展，使之成为建设国家的栋梁之材"①。调研发现，在一些高校的领导干部眼中，网络意识形态工作"说起来重要，干起来次要，忙起来不要"。"说起来重要"是指部分高校的领导干部习惯于"纸上谈兵"，开展网络意识形态工作只是"唱高调"，单纯以会议落实会议，以文件落实文件，没有采取有效措施进行落实；"干起来次要"是指部分高校只是热衷于"一阵风""走过场"式的集中行动，许多活动即使开展了也仅仅是流于形式，使得网络意识形态工作名不副实；"忙起来不要"是指有些高校将网络意识形态工作一直放在次要位置，当与教学活动、学科建设会议等交织在一起时，网络意识形态工作就要作出让步。还有一些高校的领导干部将网络意识形态工作孤立看待，人为地收窄和限定高校网络意识形态工作的范围，认为网络意识形态工作作为党务工作的一部分，只是书记和副书记的职责，没有把意识形态工作放在全局之中，与中心工作结合不紧密。由于缺乏有效的衔接机制，高校系统并没有真正形成齐抓共管的工作格局。除此之外，部

---

① 李可心：《新时代高校教育工作必须旗帜鲜明讲政治》，《新疆日报（汉）》2019年1月8日。

分高校的教师对网络意识形态工作的认知也出现了偏差，认为马克思主义办学方向已经明确，没必要再花费更多的时间和精力开展网络意识形态工作，高校当务之急是把更多的精力放在学术研究上，加快各个学科的建设和发展。毫无疑问，不重视教学科研工作中的网络意识形态安全问题，将网络意识形态工作与学术自由割裂开来的观点是错误的。"意识形态工作具有根本性和全局性，全体高校教师在意识形态问题上都应做到守土有责、守土尽责、守土负责。就全国、全社会来看，所有的党员尤其是党员干部都应当成为马克思主义意识形态的有力宣传者和坚定捍卫者。"① 不仅如此，部分学生对西方意识形态网络渗透的警惕性不足，也没认识到高校开展网络意识形态教育的重要性。如表6-2所示，当问及"您认为西方意识形态和价值观的网络渗透离您有多远？"时，有21.9%的学生选择"很远"，10.8%的学生选择"没注意"，9.0%的学生选择"无所谓"，58.3%的学生选择"衣食住行娱乐教育方方面面"。当问及"当前是否有必要加强高校意识形态教育？"时，7.1%的学生选择"无所谓"，14.6%的学生选择"没有必要"，78.3%的学生选择"很有必要"和"有必要"。

表6-2 学生对西方意识形态和价值观网络渗透的警惕性

单位：人，%

选项	频数	占比
很远	239	21.9
没注意	118	10.8
无所谓	98	9.0
衣食住行娱乐教育方方面面	635	58.3

① 蒋红：《高校意识形态工作亟待加强》，《红旗文稿》2014年第21期，第30~31页。

二 制度落实监管不足、落细不到位

当前，高校网络及信息安全管理制度的四梁八柱已经构建完成，一些事关高校长远发展的问题和责任已经在制度上得到明确。但制度落实监管不足，以至于控制不力，效率低下。调研发现，当前部分高校在制度落实方面出现了值得警惕的两种情况：一是没人监管，二是有人监管，但方法不对。前者是只要做了，做得好与坏没人管，所以无法考核。后者则是监管或考核的机制不合理。现在越来越多的高校已经意识到监管的重要性，但也只是停留在领导者的想法和做一些表面文章上，并没有制定系统、完善、规范的机制，缺乏合适、有效、到位的手段，更欠缺实实在在的、细节化的监控行为。比如在哲学社会科学尤其是中外合作科研项目成果的管理、学校网络媒体发布内容的审查等方面存在监管、执行不力的问题。监管行为应该实实在在贯穿到执行的每一个环节、每一个细节，只有这样，监管的功能和作用才能完全发挥出来。

部分高校存在制度落细不到位的现象。各高校网络意识形态工作虽然在机制设计上试图体现"大政工"的思路，但因缺乏有效衔接，导致在实际运行上存在问题。部分高校部门之间缺乏沟通和配合，遇事推诿，各自为政，没有发挥协作和分工的整体效应。有些高校领导在特定时期非常重视网络意识形态工作，制订（定）了工作计划、工作目标，也出台了一些规章制度，但这些制度和计划在具体落实时却大打折扣。部分高校的工作部门以工作忙为由不能及时落实，还有的高校工作部门认为网络意识形态工作不是本部门的中心工作，可做可不做。调研中还发现，大多数高校的网络意识形态工作主要由党委、宣传部门、团委、学生处承担，教学、科研、工会、统战、人事、后勤等部门很少承担意识形态工作的职责，在具体工作岗位中也较少有这方面的要求。行政管理部门、学生管理部门大多侧重于具体事务的管理，未能很好地把网络意识形态教育融入具体工作事务当中。

三　主阵地教育功能发挥不充分

（一）第一课堂作用发挥不足

第一课堂是依据教学计划和教学大纲，在规定的教学时间里进行的教学活动，主要包括课堂教学、实验、实习和设计等内容[①]。思想政治理论课作为"第一课堂"落实立德树人根本任务的主渠道，理应充分挖掘教学资源、丰富教学形式，增强教学的针对性和实效性，使课堂教学活起来。然而，事实并非如此。如表 6-3 所示，调研中，当问及"您认为学校的思想政治理论课教学效果怎么样？"时，7.9%的学生选择"很好"，23.2%的学生选择"好"，40.9%的学生选择"一般"，还有 28.0%的学生选择"不好"。这说明高校思想政治理论课尚未充分发挥主流意识形态教育的主渠道作用。

表 6-3　思想政治理论课的教学效果

单位：人，%

选项	频数	占比
很好	86	7.9
好	253	23.2
一般	446	40.9
不好	305	28.0

当前我国高校思想政治理论课课程体系中共有五门必修课，分别为"思想道德修养与法律基础"、"中国近现代史纲要"、"马克

[①]　宋丹、崔强、陆凯：《提升高校第二课堂育人实效的路径探析》，《思想教育研究》2018年第 5 期，第 119~122 页。

思主义基本原理概论"、"毛泽东思想和中国特色社会主义理论体系概论"以及"形势与政策"。一方面，这五门课都是围绕着培养中国特色社会主义事业的合格建设者和可靠接班人这一目标而设立的，可以帮助大学生树立社会主义核心价值体系，引导他们坚信马克思主义指导思想，坚定中国特色社会主义的共同理想；另一方面，这五门课又各自承担着不尽相同的思想政治教育的具体内容①。近年来，在党中央、国务院的正确领导下，高校思想政治理论课在改进中不断得到加强，在创新中一步步发展，取得了一系列重要的阶段性成果。譬如，高校涌现出了一批有理想、有信念、有能力、有经验且受学生欢迎和得到社会好评的优秀教师，建设了一大批国家级优秀教学团队和精品课程，形成了一系列有分量、有影响力的研究成果。但是，我们必须承认，总体上看，目前我国高校思想政治理论课还存在一些问题。正如有的学者所说："在我国高等院校的思想政治理论课的课堂教学中，普遍存在着领导满意（教学始终在'按部就班'地进行）、教师费力（许多老师为了讲好课废寝忘食地备课、做课件，讲台上声嘶力竭地进行讲授）、大学生不听（在思想政治理论课上看闲书、做习题、听音乐、发短信等各行其是的大学生比比皆是）的尴尬的教学场面。"② 部分大学生对思想政治理论课不感兴趣，出勤率低、"坐堂旷课"的现象多有发生。

高校思想政治理论课本应是指点人生、魅力无穷的课程，但为什么大学生对思想政治理论课缺乏兴趣呢？调研发现，主要成因有两个。其一，部分高校领导对思想政治理论课只是口头上重视，实际上很"不给力"。在部分高校领导的思维中，思想政治理论课如同鸡肋，弃之不能，嚼之无味。调研中我们了解到绝大部分高校思想

① 肖贵清：《"毛泽东思想和中国特色社会主义理论体系概论"课建设的回顾与展望》，《思想理论教育》2010 年第 11 期，第 42~47 页。
② 邹礼玉：《高校思想政治理论课教师队伍建设的新思路》，光明日报出版社，2013，第 5 页。

政治理论课课程体系基本健全，各高校都根据国家规定设立了相应的系部，很多高校马克思主义学院还成立了思想政治理论课教学研究小组。但是，有的高校这样做纯粹是为了"应景造势"，华而不实。有些高校领导的教学小组组长的身份只是个"虚名"，大会小会虽然都大讲特讲思想政治理论课的重要性，但骨子里却认为思想政治理论课有与无、质量高与低对学校影响不大，所以把思想政治理论课只看作附属课程，只要能把课开了，只要有人讲课，其他都无所谓。教学质量、学生的听课反应等无人过问，教研经费、科研经费、考察经费、职称评定、优秀教师和教学名师的荣誉等对思想政治理论课教师来说更是统统沾不上边。由于部分高校领导"不给力"，加上缺乏相应的环境条件、物质基础及激励约束，有些高校思想政治理论课的教学研究流于形式，无法产出可以转化为教学实效的积极成果，使高校思想政治理论课教学失去应有的活力。其二，部分高校思想政治理论课教学方法单一、教学内容陈旧。在教学过程中，部分教师仍然沿袭传统的"填鸭式"教学方法，即教师根据教学内容，按照讲义或教材单方面向大学生灌输理论知识。这种教学方法极大地削弱了学生在教学过程中的主体作用，重教有余、重学不足，灌输有余、启发不足，学生在教学中参与度低，严重制约和影响了高校思想政治理论课的实效性[①]。如表 6-4 所示，在问及"您所在学校的思想政治理论课教师一般采取什么样的教学方法？"时，31.8% 的学生选择"以填鸭式教学法为主"，20.5% 的学生选择"以讨论式教学法为主"，17.7% 的学生选择"以互动式教学法为主"，16.4% 的学生选择"以自主式教学法为主"，13.6% 的学生选择"以读书指导教学法为主"。调研中还发现，部分高校思想政治理论课教学过程中偶尔会出现一些教师在讲台上讲一些空洞、抽象的理论，学生们在下面听

---

① 傅彩云：《新形势下高校思想政治理论课教学实效性实证分析》，《内蒙古财经大学学报》2019 年第 5 期，第 110~113 页。

得昏昏欲睡的场景，有的学生干脆在课堂上开辟起"第二职业"，干起"私活"，如看小说、玩游戏、写其他学科的作业等，形成了"坐堂旷课"的现象。虽然有些高校思想政治理论课教师在讲授有关概念和原理时，常常也会用到举例法和运用多媒体教学手段进行辅助教学，但这并不能完全激起大学生的学习兴趣和热情。除此之外，部分高校的思想政治理论课教学内容欠缺拓展性和引领性，与日常实际联系不紧密。调研中，当问及"您觉得学校的思想政治理论课教学内容如何？"时，结果显示仅有41.3%的学生选择"丰富多彩"和"比较丰富"，选择"有点单调"和"枯燥无味"的学生占总数的58.7%。

表6-4 思想政治理论课的教学方式

单位：人，%

选项	频数	占比
以填鸭式教学法为主	347	31.8
以讨论式教学法为主	223	20.5
以互动式教学法为主	193	17.7
以自主式教学法为主	179	16.4
以读书指导教学法为主	148	13.6

（二）第二课堂功能定位不清

高校第二课堂是指在学校教学计划所规定的教学活动（即第一课堂）之外，组织和引导学生开展的各种有意义的教育活动，包括知识性的、学术性的、文艺性的、健身性的、公益性的活动，是对第一课堂的重要补充[①]。它以学生的兴趣爱好为导向，以学生喜爱且丰富多彩的实践活动为依托，以提高学生的创新能力和培养学生坚定的理想信念以及崇高的价值追求为目标，是高校整个教育教

---

① 李丽、周广、臧欣昱：《创新高校第二课堂育人体系的实践探索》，《思想政治教育研究》2019年第4期，第112~116页。

学活动的重要组成部分。因此，高校第二课堂活动被定位成第一课堂教学的"重要补充"。调研发现，第二课堂活动在高校整体发展中仍处于"波谷"地位，虽然较以往而言高校在第二课堂活动的经费预算、后勤保障、师资力量等方面的支持力度有所加大，但其活动的开展仍然受学科建设以及教学任务的影响。一些高校教师对第二课堂活动认知不足，往往忽视第二课堂活动的综合功能而将其视为单纯的文化娱乐活动，因而在实际工作中品头论足多。还有一些高校教师甚至以影响学习为名限制学生参加第二课堂活动。让人意想不到的是，部分学生参与第二课堂的兴趣也不大，对第二课堂活动的重要性缺乏正确认知。如表6-5所示，当问及"您身边的同学参与社团活动的积极性如何？"时，18.2%的学生选择"很积极"，43.0%的学生选择"积极"，15.8%的学生选择"一般"，23.0%的学生选择"不积极"。若社团活动与正式课业相冲突，23.2%的学生选择"社团活动"，47.5%的学生选择"正式课业"，29.3%的学生选择"不偏向任何一方"。由于功能定位，第二课堂活动成为实现人才培养目标"重要教育环节"的功用常常被忽略。

表6-5　身边同学参与社团活动的积极性

单位：人，%

选项	频数	占比
很积极	198	18.2
积极	469	43.0
一般	172	15.8
不积极	251	23.0

高校指导学生第二课堂活动的部门是党委领导下的共青团组织，具体由学生社团组织开展。调研发现，在大多数高校中，由于学生社团数量较多，社团多实行自我管理、自我组织、自我发展，缺乏

高水平的教师指导，第二课堂活动的整体层次难以提升。如表 6-6 所示，当问及"您认为学校最应该为社团活动提供什么帮助？"时，16.4%的学生选择"新颖的活动策划"，23.1%的学生选择"丰厚的活动资金"，20.9%的学生选择"齐全的活动设施"，39.5%的学生选择"专业的指导老师"。访谈中了解到，部分教师参与指导第二课堂的积极性不高，少数愿意参与的指导教师也不像重视自己的教学和科研活动那样重视指导学生第二课堂活动，在指导中更多地只关注学生群体的稳定以及任务的完成，无法实现对校园主流文化的宣传。部分高校由于资源投入有限，加之近几年学生人数大幅度增加，各种场、馆、室、厅的数量和容量明显不能满足日益增多的第二课堂活动的开展。此外，还有部分高校对第二课堂经费支持较少，把大多数经费开支用于教学基础设施建设和学科研究上，并且要求有限的经费用于校园大型活动的开展，对小型活动漠不关心。这种情况造成的结果是，学生实际能够参与大型活动的比重很小，即使能够参与进来，更多地也仅是扮演旁观、辅助的角色，真正发挥主观能动性参与活动组织工作的学生很少，从而影响了学生对第二课堂活动的总体认可度。以学生社团为例，各高校普遍存在的情况是，学生初入校比较热衷参与小型社团活动，到了大三、大四却纷纷退出，研究生阶段参与的人就更少了。加之学生社团成员流动性较大，且缺乏对社团成员培养的长效机制，致使社团活动对高年级学生的吸引力不足，学生个体对于校园活动质量的评价受到影响，从第二课堂中真正受益的程度不高。

表 6-6　学校应该为社团提供的帮助

单位：人，%

选项	频数	占比
新颖的活动策划	179	16.4
丰厚的活动资金	252	23.1

选项	频数	占比
齐全的活动设施	228	20.9
专业的指导老师	431	39.5

四　网络思想政治教育实效性不明显

意识形态教育内容与网络、多媒体技术相结合，能使教育形态从平面化走向立体化，从静态变为动态，从现实时空趋向超时空[①]。从技术手段上说，网络技术的发展为新时代高校意识形态工作提供了现代化手段，拓展了宣传空间和渠道。高校意识形态教育应充分利用网络的信息资源，以互联网为平台对主流意识形态进行有效宣传。然而，调研发现，大部分高校构建的意识形态主题教育网站、校园媒体公众号等平台未充分发挥网络意识形态教育功能。

第一，门户网站少，访问量低。在平台建设质量上，文科类和综合类本科高校的网络平台建设质量优于其他性质的高校。这些高校的网站都有自己独立的域名，并且聘用专门的维护团队定期对栏目内容进行维护和更新。而专科院校的网络平台建设相对薄弱，存在内容单一、缺乏独立域名、维护更新慢等问题。调研发现，部分高校主题教育网络平台的日平均访问量仅有 50 余次，学生对学校主题教育网站或微信公众号只是偶尔关注或压根不关注，其网络意识形态教育的功能远未发挥出来。网络意识形态教育是一项复杂的系统工程，打造了阵地不等于守住了阵地，建立了阵地也不等于就有人占领阵地，优化高校网络意识形态教育的功能，提高网络平台的点击率，增强吸引力，使网络意识形态教育取得良好的实际效果，必须依据意识形态教育的规律和网络载体本身的特点来选择科

---

① 胡丽、胡显芝、张渝玲：《高校网络思想政治教育研究》，《黑龙江高教研究》2005 年第 1 期，第 124~126 页。

学合理的路径①。

第二，技术不新、特色不明。网络技术的发展更新迅速，可谓一日千里。高校作为人才的汇集地，在信息网络技术的应用和创新上理应走在前列。但事实上，很少有高校能及时把信息新技术运用到平台宣传中去，以增强宣传的号召力和影响力。如表6-7所示，当问及"您认为学校的主题教育网站或微信公众号存在哪些问题？"时，27.1%的学生选择"内容推送迟缓，更新不及时"，18.1%的学生选择"栏目设置较少，资源较稀缺"，31.4%的学生选择"交互功能不足，栏目形同虚设"，23.5%的学生选择"网页风格呆板，毫无艺术性"。调研发现，部分高校的公众号建设、网络平台建设等技术含量相对较低，这就在一定程度上打击了登录者的积极性。还有的高校在网络平台交互性功能的开发上不下功夫，交互栏目形同虚设，只能提交问题，不能查找问题的回复结果，更不能查找他人提出的问题。高校网络服务平台虽然宏观目标应相同，但是在具体形式上要根据自身实际建立个性化的平台。而目前各高校的宣传平台内容和形式较单一，缺乏特色和创新，没有吸引力。

表6-7 学校的主题教育网站或微信公众号存在的问题

单位：人，%

选项	频数	占比
内容推送迟缓，更新不及时	295	27.1
栏目设置较少，资源较稀缺	197	18.1
交互功能不足，栏目形同虚设	342	31.4
网页风格呆板，毫无艺术性	256	23.5

第三，宣传形式单一，更新不及时。调研发现，部分高校只是

---

① 刘建军：《高校网络思想政治教育功能优化的路径选择》，《黑龙江高教研究》2005年第2期，第124~126页。

简单地将政治理论知识上传至网络宣传平台，没有采取灵活多样的形式、方法，并未充分依托网络的技术优势，开展富有成效的意识形态教育，实现网上网下意识形态教育的互补性。有些高校的网络宣传平台忽略艺术性，网页风格、栏目设计等呆板单调，仅仅以一些校园的风光图片作点缀，且静止的多，动态的少，平面的多，立体的少，缺乏强烈的视觉冲击力、感染力；有些高校的网络宣传平台为渲染气氛，一味追求眼球效应，堆积华而不实的素材和图片；还有一些高校的宣传平台网页栏目过多，结构杂乱，前后风格相差很大，而且界面之间缺少标识的指引。网络宣传不能只是建立一个平台，堆积相关内容，然后就坐等用户来点击，还应该加大宣传和推广力度，只有这样，网站才有持久的生命力，才能发挥网络平台在宣传教育、信息服务、互动交流中的功能效应①。但是，部分高校宣传推广的理念和意识淡薄，在校师生不关心甚至都不清楚所在学校的官方网站、官方微博以及官方微信公众号。调研中，当问及"您所在学校是否有专门的主流意识形态宣传平台？"时，有56.1%的学生选择"有"，有14.5%的学生选择"没有"，还有29.4%的学生选择"不清楚"。部分高校主题教育平台以及校园公众号建设更多地强调政治理论知识的增加，而对大学生的专业、兴趣爱好、休闲娱乐涉及得很少，有的即便设有一些栏目，但内容陈旧，更新不及时，没有起到宣传和教育的效果。

可以想象，一个没有吸引力的官方网络服务平台是难以对大学生产生积极影响的，更不用说发挥网络意识形态教育的功能和作用了。高校要让官方网络服务平台"动"起来、"活"起来、"实"起来、"联"起来。"动"起来，就是每天要有新的信息和内容。正如有学者指出："网络信息和传统媒体信息相比较，其最大优势

① 黄文玲：《高校思想政治教育网站运作问题分析及策略探讨》，《学校党建与思想教育》2005年第1期，第58~59页。

之一就是内容和形式的快速更新性。……思想政治教育专题主页或首页站点及其所属栏目、条目上的信息内容，也必须要快速进行更新。即使不能几秒钟更新一次，也要几小时或几天更新一次，否则，就失去了网络媒体信息传递快捷的优势。"[1] "活"起来，就是要通过设立搜索引擎、建立多重链接，通过娱乐游戏、组织有奖回答和猜谜、开设名人讲座等来激发浏览者的兴趣，调动访问者参与的积极性，扩大服务平台的影响深度和广度[2]。"实"起来，就是要架起线上与线下之间的互动桥梁，实现网上与网下的融合与联动。例如，充分利用"互联网+"有针对性地对各种热难点问题进行讨论，定期组织、召开专题交流研讨会等。"联"起来，就是要增强网站的交互功能，促进不同用户之间以及用户与网站之间的动态沟通和交流。通过有效"联"接，增强施行主体与接受主体之间的互动，积极有效地推动网络意识形态教育。多媒体技术和网络技术的不断发展为增强意识形态教育的宣传实效提供了强有力的支撑。我们必须改变意识形态教育内容的呈现形态，不再局限于传统的"书本+黑板"的方式，而是充分利用信息技术筛选和整理课程内容，汇编成集文字、图片、声音、图像于一体的教育内容。

五　网络思想政治教育队伍建设较薄弱

高校网络意识形态工作队伍作为开展主流意识形态宣传和教育的骨干力量，担负着引导、管理、培养学生的重要使命。这支队伍理论水平、文化素养的高低不仅对意识形态教育的效果产生影响，而且也关系到学校的发展和稳定。调研发现，面对新的形势和要求，部分高校网络意识形态工作队伍建设步伐滞后，不能适应高校

---

① 黄红、胡成广、叶树江：《论思想政治教育进网络工作的操作方法》，《教学与研究》2001年第11期，第69~71页。

② 王德军、刘中立：《关于建立高校思想政治教育主题网站的思考》，《长春大学学报》2003年第2期，第65~68页。

自身发展需要。主要表现在以下几个方面。

第一，队伍数量不足。当前，各高校基本上形成了以高校党委书记、思想政治理论课教师、辅导员等为主体的从事网络意识形态教育的专职队伍，但是面对日益增长的学生数量，网络意识形态教育专职队伍数量还是无法满足需求。部分高校虽然已采取各种方式和途径积极扩大意识形态工作队伍，但是收获甚微。调研中发现，部分高校专职队伍人数较少，实际招聘和规范使用的兼职教师比重偏低。一些高校的领导对兼职教师的认识还存在不少误区，认为兼职教师"专业不强""水平不高""不入流""难于管理"，对学校发展作用不大，只能起到临时性替代或补充作用。在很多情况下，只是因为某些专业课程出现教师缺额，才迫不得已寻求兼职教师。

第二，专业水平需提高。在实际工作中，部分高校网络意识形态工作队伍存在理论知识和网络技术水平不高的问题，致使开展的意识形态教育效果不理想。如表6-8所示，当问及"您认为学校网络意识形态教育效果如何？"时，有56.3%的学生选择"切合实际，效果很好"，14.3%的学生选择"脱离实际，效果不好"，20.9%的学生选择"不切实际，效果一般"，有8.4%的学生选择"敷衍了事，没有效果"。有些意识形态教育工作者的理论知识很扎实但网络技术应用水平却不高，无法科学合理地利用网络资源，顺利开展网络意识形态教育活动；有些意识形态教育工作者网络技术应用水平较高但不热衷于学术研究，不能完全掌握学科领域中的前沿问题，意识形态教育理论相关知识储备不足。调研发现，部分高校网络意识形态工作队伍的学术研究氛围不浓厚，教师队伍的总体学术能力、学术素养和学术热情不够高。部分教师并不是真正地喜欢学术（包括教育），仅仅只是把它作为一种谋生的方式和手段，教学、课题申报、发文章主要是为了评职称或者完成学校的工作任务，而并非个人喜爱的事业。在这种情况下，教师就不可能遵循学术活动的规律特点，以纯粹的专业语言、较高的学术激情与其他教师开展常态化、多样性和高效率的学术交流合作活动。缺乏积极性和主动性的学术交流，其产生的学术联结关系只能是表层的，甚至是形式化的。

表6-8　学校网络意识形态教育的效果

单位：人，%

选项	频数	占比
切合实际，效果很好	614	56.3
脱离实际，效果不好	156	14.3
不切实际，效果一般	228	20.9
敷衍了事，没有效果	92	8.4

第三，培养考核机制待完善。面对网络意识形态工作队伍专业水平整体不高的现实，政府、主管部门及各高校虽然想尽了各种办法提升师资业务能力，但从整体上看，一些高校网络意识形态工作队伍的建设仍然跟不上教育改革与发展的步伐。调研发现，当前，高校网络意识形态工作队伍的师资培训主要有以下几种方式。①每年遴选部分教师到高水平大学开展理论学习和社会实践活动，省级政府部门或学校给予专项经费支持。②邀请相关学者或者行业专家到校开展培训或提供部分名额支持教师到校外参加其他高校举办的短期培训。③各高校二级学院基于学科专业发展需要，主动组织部分教师到对应的其他高校进行调研交流，或依托合作办学基地（实践教学基地、合作研究基地等）组织专任教师到基地培训锻炼等。这些做法都产生了积极效果，极大地提升了队伍的专业素质。但从目前开展的整体情况来看，部分高校网络意识形态工作队伍建设仍存在诸多需要改进的地方。比如，缺乏对培养计划落实情况的定期检查以及入选者的期满考核，缺乏培训过程的监控和结果评估，导致一些形式主义现象出现，最后花费了不少的时间和经费，却没有

收到预期的效果；又比如，高质量的、真实场景的、系统性的、前沿跟踪的实践能力培训少，教师参加的培训实践总体机会较少，或者只能参与一些走马观花式的考察学习，对学科领域的系统结构、最新进展的了解和掌握还比较薄弱。

第四，管理水平参差不齐。目前，一些高校对网络意识形态工作队伍的管理不能适应新形势发展的要求，从事网络意识形态工作的人较多，但教育合力尚未形成。一些高校工作创新意识不足，仍习惯于传统、保守的工作思维方式。一些高校为适应社会发展需要而提出的新的网络意识形态工作理念、措施的贯彻和落实会遇到不同程度的障碍，甚至会被人误解为出风头，因而在实践中难以得到重视和应用；还有一些高校对网络意识形态工作者的业绩考核缺乏量化指标和评价标准，缺乏相应的行政方法、经济方法和制度方法。突出表现为业务考核重视科研（更为具体的指标就是学术论文、项目、专著、教材）轻视教学和社会服务，甚至将科研视为业绩考核和职称晋升的唯一标准，其他的只是走形式。因此，高校要提升网络意识形态工作队伍管理水平，应根据实际岗位的需要和工作职责进行意识形态工作队伍的量化考核，不应追求整齐划一，不宜采用一刀切的方式，应突出教学能力和教学业绩、实践工作能力和服务地方社会能力等。

第七章　新时代高校网络思想政治教育的优化路径

面对新形势新任务，如何做好高校网络意识形态工作，牢牢掌握高校网络意识形态工作领导权是每一所高校面临的重大而紧迫的课题。新时代，我们一定要明确高校网络意识形态安全治理的总体目标，遵循高校网络意识形态安全治理的基本原则，根据当前高校网络意识形态工作中出现的问题，从思想引领、体制机制、阵地管理、话语内容与形式以及队伍建设等方面下功夫，不断增强广大师生的政治认同、思想认同、理论认同、情感认同。

第一节　强化主流意识形态思想引领

先进的理论是破除人们思想认识迷雾的灯塔，是指引我们前进的行动指南。新时代，做好高校网络意识形态工作，牢牢掌握高校网络意识形态工作领导权，必须坚持用中国化的马克思主义理论武装全体师生，不断推进中国特色社会主义理论创新。

一　坚持用中国化的马克思主义理论武装全体师生

理论总是适应时代的需要而产生，这是历史发展的规律。"理论需要是否会直接成为实践需要呢？光是思想力求成为现实是不够的，现实本身应当力求趋向思想。"[1] 在寻求中华民族伟大复兴的道路上，中国人民从1840年鸦片战争到今天的沧桑巨变中深切体会到，无政府主义、无政府工团主义、互助运动、新村主义、合作主义、基尔特社会主义、伯恩施坦主义以及自由主义、保守主义、民族主义等只不过是中国思想史上的匆匆过客[2]。只有坚持以马克思主义为指导，才能争取民族独立和人民解放，才能实现国家富强和人民幸福。马克思主义之所以能够在长期斗争中脱颖而出，不断发展壮大，最终成为中国共产党的指导思想，原因在于它是中国革命斗争和国家建设实践的需要。正如马克思所说："所有这些体系都是以本国过去的整个发展为基础的，是以阶级关系的历史形式及其政治的、道德的、哲学的以及其他成果为基础的。"[3] 中国共产党以马克思主义为指导思想，领导中国人民取得中国革命的胜利以及社会主义建设的巨大成就。以马克思主义为指导的社会主义意识形态，成为中国社会的主流意识形态。在当代中国，坚持中国特色社会主义理论体系，就是真正坚持马克思主义[4]。习近平总书记指出："党的十八大精神，说一千道一万，归结为一点，就是坚持和发展中国特色社会主义。……历史和现实都告诉我们，只有社会主义才能救中国，只有中国特色社会主义才能发展中国，这是历史的结论、人民的选择。"[5]

中国化的马克思主义，既体现马克思主义的基本原理，又包含了中华民族的优秀思想和中国共产党人的实践经验，这是中国革命和建设始终坚持的指导方针。习近平总书记指出："我们要坚持用马克思主义的'矢'去射中国革命、建设、改革的'的'。"[6] 作为

①　《马克思恩格斯选集》第1卷，人民出版社，1995，第11页。
②　姚建军：《主流意识形态建设与社会整合研究》，光明日报出版社，2016，第144页。
③　《马克思恩格斯全集》第3卷，人民出版社，1960，第544页。
④　《习近平谈治国理政》第1卷，外文出版社，2018，第9页。
⑤　《习近平谈治国理政》第1卷，外文出版社，2018，第22页。
⑥　《习近平谈治国理政》第1卷，外文出版社，2018，第25页。

培养社会主义建设者和接班人的人才摇篮，高校要始终把思想理论建设摆在意识形态工作的首要位置，坚持不懈用中国特色社会主义理论武装全体师生，增强师生对中国特色社会主义的理论认同、政治认同以及情感认同。

第一，不断深化中国特色社会主义和中国梦的宣传教育。高校要在增强中国特色社会主义和中国梦宣传教育的感召力上下功夫。要清楚国家梦、民族梦与个人梦的关系，讲清楚实现远大理想必须苦干实干。要充分挖掘身边的道德素材和先进事迹，以身边人、身边事影响和教育广大师生，推动中国梦入脑、入心、入行动。要善于运用各种精神文化产品、文化形式、传播媒介、网络空间等加强宣传教育，引导广大师生把个人梦与中国梦紧密结合起来，积极投身中华民族伟大复兴的实践中。

第二，大力推动中国特色社会主义理论体系"进教材、进课堂、进头脑"。高校要全面加强思想政治理论课的学科、课程、教材以及教师队伍方面的建设，切实发挥主渠道主阵地作用。在学科上要不断完善课程体系，抓紧组织编写相关教材。在课程上要开足开好大学生必修选修课程，完善教学质量评价体系，引导教师用贴近学生的话语、先进的技术手段和时代元素，丰富教学内容，改进教学方法，提高教学质量①。在队伍建设上要制定实施思想政治理论课教师队伍建设规划，健全集上岗培训、全员轮训、技能竞赛、骨干研修、择优资助于一体的培养体系。

二 不断推进中国特色社会主义意识形态理论创新

"马克思主义是不断发展的理论。紧密结合我国国情和时代特征大力推进理论创新，用发展的马克思主义指导新的实践，不断丰富和发展中国特色社会主义理论体系，是党领导的伟大事业和党的

---

① 靳诺：《牢牢把握高校宣传思想工作的主要任务》，《中国教育报》2015 年 2 月 3 日。

建设伟大工程健康发展的重要保证。"[1] 同时，如何加强社会主义意识形态建设，增强社会主义意识形态的吸引力和凝聚力，有其客观规律需要我们去认识、去把握，有大量的复杂课题需要我们去研究、去破解，这些都需要我们坚持与时俱进，不断推进中国特色社会主义意识形态理论创新。如何进行理论创新？一方面，"理论创新必须以坚持马克思主义基本原理为前提，否则就会迷失方向，就会走上歧途，而坚持马克思主义又要以根据实践的发展不断推进理论创新为条件，否则马克思主义就会丧失活力，就不能很好地坚持下去"[2]。另一方面，理论创新要认识、把握和遵循客观规律，在社会实践的基础上，不断借鉴和吸收先进思想成果，在批判与继承、思维与存在的矛盾运动中形成创造性的理论成果，指导实践发展。只有在指导实践的过程中，主流意识形态理论才能不断经受社会实践的检验，对新现象作出新的理论概括和总结，从而引领社会思潮，不断推进理论创造[3]。

高校要充分依托人才优势、资源优势，在繁荣哲学社会科学的过程中进行理论创新。恩格斯曾经说过："一个民族要想登上科学的高峰，究竟是不能离开理论思维的。"[4] 哲学社会科学与自然科学同等重要，它是我们认识客观世界的理论武器。《中共中央关于进一步繁荣发展哲学社会科学的意见》明确指出："加强哲学社会科学传统学科、新兴学科和交叉学科的建设。……要推进哲学社会科学与自然科学的交叉渗透，推进哲学社会科学不同学科之间的交叉渗透。……加强哲学社会科学的宣传和普及……要充分发挥报刊、图书、广播电视、互联网等大众媒体的作用，大力宣传哲学社会科学研究的优秀

①　杨义芹：《提高科学化水平：党的建设的新命题新要求》，《天津行政学院学报》2010 年第 4 期，第 19~24 页。
②　《十六大以来重要文献选编》（上），中央文献出版社，2005，第 365 页。
③　叶政：《和谐社会构建中的意识形态建设刍议》，《理论学刊》2005 年第 8 期，第 84~85 页。
④　《马克思恩格斯选集》第 4 卷，人民出版社，1995，第 285 页。

成果，扩大优秀成果的社会影响力，推动优秀成果更多更及时地应用于实际。"① 因此，高校一方面要加强哲学社会科学基础设施和信息化建设，努力营造良好的、可持续发展的学术研究环境，推动广大哲学社会科学工作者形成重大创新成果；另一方面要以马克思主义为指导，加强对全局性、战略性、前瞻性问题的研究，科学回答全体师生关心的重大理论和实际问题，更好地服务经济社会发展。

第二节　建立健全网络思想政治教育体制机制

健全的体制机制是顺利开展意识形态工作的前提。正确、合理地创新网络意识形态工作机制，使网络意识形态工作切合广大师生的思想实际和工作实际，符合建设中国特色社会主义一流大学的需要，符合网络意识形态工作规律的要求，能有效推动各方面工作的顺利开展。

一　构建高校校园网络舆情安全预警长效机制

校园网络舆情安全预警机制应"借助现有组织机构或者渠道，建立适当的监测机制，做好舆情收集、分析，总结出高校网络舆情的理性成分和趋势性分析，据此对管理政策进行理性调适，或者根据高校网络舆情规律对即将发生的社会变动进行预先把握，以指导人们对事件作出科学、理性的判断和应对"②。校园网络舆情安全预警机制包括网络舆情收集、舆情分析、舆情警报、舆情预防及舆情处理五个方面。舆情收集是舆情预警机制中最重要的一环。它依照

① 《十六大以来重要文献选编》（上），中央文献出版社，2005，第 688 页。
② 孙巍：《关于高校辅导员应对网络舆情能力的思考》，《学校党建与思想教育》2017 年第 4 期，第 63~65 页。

特定的采集原则、采集标准，从特定的采集范围（例如高校 BBS、贴吧等）中提取出特定信息后存放到指定数据库[①]。高校网络舆情管理层对所收集到的主流信息进行过滤、筛选、归档及整理，以便及时发现各种舆情出现的线索和原因。舆情分析是舆情预警机制有效运转的关键，通过对所收集信息进行深入分析，借助网络信息技术进行有效决策，为高校管理层有效引导提供理论依据。舆情警报是在分析结果的基础上，按照预警指标判定等级的过程。一般而言，预警等级有一般、轻度、中度、重度以及特重度五个级别。"一般状态可以划分为安全等级的信息，轻度预警和中度预警可以划分为一般等级的信息，重度预警和特重度预警可以划分为危险等级信息。面对安全等级信息，适时跟踪，做到防患于未然；面对一般等级信息，及时跟踪，做好随时拉响警报的准备；面对危险等级信息，第一时间预警，并做好干预与解决危机事件的准备。"[②] 舆情预防要求开展网络舆情分析研究的工作人员对舆情进行及时跟踪监控，及时掌握预防纠正措施的执行情况，事后进行及时的汇报反馈[③]。因此，应建立规范化和科学化的预防监控体系，及时向高校管理层发出预警信号，对高校校园网络舆情进行科学引导和有效利用。舆情处理是应对校园网络舆情突发事件，最终化解校园网络舆情危机的工作过程，包括舆情危机爆发前和舆情危机爆发后两种情况。

当前，部分高校在网络舆情信息的收集与汇总、处理与分析、预警与防范等方面还存在一些问题。比如，无法迅速而准确地收集网络舆情信息、不能对相关信息进行有效甄别、网络舆情预警机制

---

① 向志强、龙雅丽：《大学生群体性事件网络舆情预警研究》，《当代传播》2011 年第 3 期，第 86~87、92 页。

② 潘清泉、都圆圆：《高校网络舆情管理预警机制建设刍议》，《学校党建与思想教育》2014 年第 16 期，第 58~59、62 页。

③ 俞亚萍、强浩：《大学生网络道德教育协同创新微探》，《学校党建与思想教育》2014 年第 16 期，第 60~62 页。

相对薄弱和落后等。因此，高校要从以下三方面入手，着力健全校园网络舆情安全预警机制。第一，完善网络舆情信息收集机制，实现横向与纵向的全方位收集融合。网络舆情信息既要依靠人工收集，还要借助一些集成网络信息收集与汇总等功能模块的网络舆情信息收集系统进行全方位的追踪。同时对校园网站、新闻跟帖、校园 BBS、网络社区、博客、播客等主要网络场所进行重点关注。第二，完善网络舆情信息分析机制，精准研判和预测发展走势。高校要改变以往单一的定量分析研判法，实现网络舆情信息研判定性与定量相结合。不仅对信息的点击率、浏览量、评论量等指标数量进行研判，还要精确定位"幕后黑手"以及信息的发展走势，及时制定网络舆情预警方案。第三，完善网络舆情信息预防机制，全面提升预警监测实效。高校要将先进的网络舆情预警技术应用到实际的工作中，对网络舆情信息实行"由点到面""由外到内"的多维度、多角度的深度分析。比如，蚁坊软件可以对网络舆情进行监测，自动过滤干扰信息，通过数据挖掘中的聚类技术定义目标所匹配的舆情信息，监测舆情发展动向，真正发挥网络舆情预警机制的实际效用。

二　创新高校网络思想政治教育考核评价机制

评价，即通过一定方式对评价对象进行价值判断，以鉴定其所取得的成绩，并据此划分等次并予以奖惩，进而激励评价对象不断努力。"从哲学认识论的角度看，评价是对以往认识的再认识，即'反思'。从管理学角度来看，它是对系统进行运行控制，即'反馈'。"[①] 网络意识形态工作考核评价是遵循规定的程序，并严格按照准则和要求，对网络意识形态工作的绩效进行客观判断和评估的

---

① 许克毅、曹凯松：《思想政治教育评估中若干理论问题的探讨》，《西安电子科技大学学报》（社会科学版）2002 年第 1 期，第 98~101、111 页。

过程。其核心是为网络意识形态工作树立正确的价值观，进而引导、推动、督促网络意识形态工作朝着正确的方向发展，从而产生最大的管理效益。网络意识形态工作考核评价既是对网络意识形态工作规律进行认识的过程，又是对网络意识形态工作进行管理的过程。在实际工作中，高校网络意识形态工作往往抓了"点"而未形成"面"，有了"头"（即注意了开局）却难见"尾"（即未能深入）。而且，在每一具体时间段内网络意识形态工作往往会有一个重点，这一重点往往导致在具体部署和操作中顾此失彼，造成"防不胜防"的窘局。考核评价机制作为方法论体系能有效地引导高校在网络意识形态工作中的具体行为，在更为宏观的层面上指出网络意识形态工作应把握的方式、方法，高校可据此结合实际情况选择更为合适的操作路径。比如，在考核评价中，主管部门对工作状况的考量、反馈与建议，也能给予基层组织和管理部门在具体行为上的指导，较为明确地指出网络意识形态工作在最终效果的要求下应如何开展。因此，高校应建立健全网络意识形态工作的考核评价机制，使网络意识形态工作真正贯彻到教学、科研、管理和服务工作中去。建立健全网络意识形态工作的考核评价机制是一项艰巨复杂的系统工程，重点是对评估标准、评估内容和评估方法的确定。在评估标准上，要考虑个体在工作中产生的成果以及这些成果带来的积极影响；在评估内容上，既要重视效果评估，又要看重过程评估；在评估方法上，要尽可能多地实现量化。通过考核，实事求是地肯定成绩，指出不足，并认真制订整改计划，建立和完善内部制度和保障措施，逐步解决考核中所反映的较深层次的问题，促进思想政治工作向更高的水平提升①。

---

① 陈锡坚：《创新：高校思想政治教育的选择》，《大学教育科学》2003 年第 3 期，第 34～36 页。

三　完善高校网络思想政治教育内部制约机制

网络意识形态工作制约机制包括外部制约和内部制约，其主要功能是通过反向控制和行为约束，增强师生自我管理的意识和能力，保证学校运作和教学秩序。外部制约主要指政策法规、督导评价等方面的制约。内部制约包括系列化的明确且严格的责任制约、学校监督制约等。高校网络意识形态工作责任制约主要体现在各级党委责任制约和各基层党支部责任制约两个方面。各级党委责任制约，就是各级党委要负起责任。各级党委主要领导同志要切实履行职责，行政领导也同样有抓好意识形态工作的责任，都要像抓经济建设那样，聚精会神地抓好网络意识形态工作。要把对网络意识形态工作抓得实不实、好不好，作为是否讲政治的重要标准；把能否抓好思想政治工作作为衡量一个党委、一个领导干部水平和工作政绩的重要依据。要对网络意识形态工作方面的责任进行量化、细化，责任到人，坚持一级抓一级，层层落实责任，做到网络意识形态工作有人去做，有人去管，真正把网络意识形态工作落到实处。党的各级领导干部，尤其是一把手要负起第一责任人的职责，不仅有抓好网络意识形态工作的责任，而且还要亲自带头落实网络意识形态工作，分管政工的同志要重点抓好网络意识形态工作，其他领导成员也要明确任务，承担责任，确实把网络意识形态工作摆在重要位置，与其他工作一起研究，一起部署，一起落实。各基层党支部责任制约，就是各基层党支部要负起责任。党的基层领导干部，尤其是党的支部书记要负起意识形态工作第一责任人的职责，支部其他成员也要明确任务，承担责任。要有一名支部委员分工专管网络意识形态工作，与其他工作同研究、同部署。同时，把能否抓好基层网络意识形态工作作为衡量一个支部、一个基层领导干部领导水平的重要依据。学校监督制约，主要是对学校意识形态工作的领导机构和领导者的权力（话语权、决策权和管理权等）渠道、使用及其效果的监督。"一般应建立党委有关部门组织的负责同志参加党委主要负责人亲自领导的督导小组。定期研究、部署、检查德育教育工作。做到了解新形势、掌握新情况、拓宽新思想、开辟新途径、探索新经验。"① 部署工作要细化，紧密结合当前实际，切忌泛泛而谈，以便开展有针对性的网络意识形态工作，增强工作的实效性。检查工作要将重点抓在手上，摒弃形式主义，把工作任务不折不扣落到实处。总之，新形势下的高校意识形态工作要理顺工作程序，明确各组织机构职责，加强相互协作与制约，营造良好育人氛围和环境。

四　确立高校网络思想政治教育协同合作机制

协同合作机制在网络意识形态工作中同样具有重要地位，是意识形态工作不可缺少的环节。如果说健全高校网络意识形态工作内部制约机制是网络意识形态工作的纵向管理，那么健全高校网络意识形态工作协同合作机制就是网络意识形态工作的横向管理。实践证明，只有健全高校网络意识形态工作协同合作机制，各职能部门才会明确各自的职责，各司其职，避免推诿扯皮和"管不了"的现象发生，才能形成在党委统一领导下，各职能部门密切配合、齐抓共管的网络意识形态工作格局。当前，一些教师缺乏一种全员全程全方面育人意识，认为学生网络意识形态教育工作只是思想政治理论课教师的责任。其实不然，网络意识形态教育工作是一项系统工程，"校内外各个方面都对学生思想政治教育负责，都以爱国主义、集体主义和社会主义为主旋律，以科学的理论武装人，以正确的舆论引导人，以高尚的情操塑造人，以优秀的作品鼓舞人，引导学生追求高尚的道德情操、健康的审美情趣，倡导正确的消费方式和生

---

① 张亚强：《高校德育机制创新及实践的思考》，《前沿》2006 年第 10 期，第 86~89 页。

活方式，让学生树立远大理想，勤奋学习，积极进取"①。就校内来讲，"两课"并不是开展网络意识形态教育的唯一渠道。思想政治工作的渠道是多方面的，无论是任课教师、管理干部还是后勤服务人员，都责无旁贷地担负着对学生进行思想政治教育的历史重任②。健全高校意识形态工作协同合作机制要求在领导方式上形成党建、思政和行政三位一体的运作理念，构建"三全育人"的网络意识形态工作新格局。在教育内容上将政治导向、理想信念、道德示范、法纪约束及文化陶冶有机结合起来，推进师生自我教育、相互教育，构建"大教育"工作网络③。在教育方法上把网络意识形态工作融入具体事务中，着力解决师生最急最忧最盼的问题。因此，高校在思想认识上必须树立中心意识，从发展实际需要出发。

确立党建工作、网络意识形态工作和行政管理工作一体化的运作模式。在运作机制上，要构建党委统一领导、党政齐抓共管、各部门组织协调、有关部门分工负责的体制格局和基本架构。在内容及方法上，要把教育引导工作始终贯穿在日常教学和校园文化生活之中，将网络意识形态工作与解决师生实际问题、学校长远发展结合起来。只有统筹各种资源，协调并优化各种教育要素，建立无缝连接的工作联动机制，网络意识形态工作才能取得事半功倍的效果。

第三节　优化网络思想政治教育阵地管理

网络意识形态教育阵地是高校意识形态工作的主战场。党的十

---

① 黄建美：《对创新高校思想政治工作机制的思考》，《思想教育研究》2009 年第 3 期，第79~80 页。

② 雷伟、冯晓江：《浅议提高高校思想政治教育工作实效性的对策》，《当代教育论坛》（上半月刊）2009 年第 10 期，第 68~69 页。

③ 陆志华：《高校思想政治教育和谐机制构建论略》，《扬州大学学报》（高教研究版）2006年第 4 期，第 26~29 页。

九大报告指出："加强阵地建设和管理，注意区分政治原则问题、思想认识问题、学术观点问题，旗帜鲜明反对和抵制各种错误观点。"① 做好高校网络意识形态工作，牢牢掌握高校意识形态工作领导权，必须优化思想政治理论课教学管理、校园网络安全管理、学生社团活动管理以及中外合作科研项目管理。

一　思想政治理论课教学管理系统化

课堂教学是高校网络意识形态教育的主渠道，学校的课程管理、教师的德育自觉以及课程的意识形态属性决定了课堂教学中的价值观传播。美国学者迈克尔·W. 阿普尔认为，课程是最能体现学校教育意识形态的要素，"正是学校、课程和教育者这三者与意识形态的'共谋'，完成了所谓的'合法知识'，这种知识的本质就是广泛意义上的意识形态"②。优化课堂教学管理是高校思想政治理论课目标有效实现和功能充分发挥的保证。优化高校思想政治理论课教学管理的主要任务和目的就是对"思想政治理论课教学工作进行决策、计划、指挥、组织、调节和监督，明确教学工作的目标，调配教学人员，准备教学条件，建立教学管理制度和正常的教学秩序，协调各方面的工作，调动师生教与学的积极性，监督计划的贯彻和决策的实现，保证教学质量的提高，培养合格人才"③。要达成和实现这一目标，就必须建立符合教学规律和学科建设要求的管理体系，进行规范化、科学化的日常教学管理。学校要设立专职机构负责教学质量的督导检查，"负责制定保障监控体系中各项评估指标体系、评估方案、实施办法的相关文件，负责组织实施教学

---

① 习近平：《决胜全面建成小康社会 夺取新时代中国特色社会主义伟大胜利——在中国共产党第十九次全国代表大会上的报告》，人民出版社，2017，第42页。

② 转引自林晖《阿普尔教育哲学思想中的"合法知识"与"意识形态"问题》，《马克思主义与现实》2007年第3期，第43~47页。

③ 柏志全、宿宝贵：《现代高校教学管理规范化、科学化的探析》，《西北医学教育》2005年第2期，第138~139页。

检查和各项教学评估工作，对全校的教学状态和教学质量进行监控和评估，对各学院（部）的监控评估结果进行确认"①。各学院（部）是实施人才培养的教育实体，亦是学校教育、教学的基层组织，在教学质量监控中发挥着重要作用。因此，高校要在各学院（部）成立教学质量监控与评估小组，根据学校制定的监控办法和评估指标开展日常教学督导工作。教学督导工作可由校内在职人员负责，也可聘请校外教育机构的研究人员专职负责。对教学质量的监督必须实现系统化，由学校、学院（部）、教研室三级管理，分别有不同的管理分工和职责要求。系统化的管理使教学质量的监督有序进行，使各级各类监控和督导人员按各自的工作体系和程序开展工作，及时汇总、交流有关教学运行状态和影响质量的各种信息，以取得良好的管理效果②。

二　校园网络安全与信息管理精细化

高校校园网络安全管理是高校信息资源建设的重要内容，更是高校进行现代化教学、科研和管理工作的重要基础。高校师生的网络社会参与是影响校园网络安全的重要因素，特别是高校大学生被好奇心驱使，容易受到一些突发的网络社会热点事件影响产生激进的想法，在网络上发表一些不实言论，这些言论极易被不法分子利用，进一步歪曲事实真相，从而影响社会秩序、国家政治安全③。高校要从内容审查、难点管理等方面对校园网络安全与信息进行精细化管理，加强校园网络安全建设。

第一，加强校园网络内容的审查。为了能够保证校园网络高

---

① 苗军、单振东：《高等学校质量保障体系的构建》，《交通高教研究》2004 年第 3 期，第 15~17 页。

② 刘宏岩等：《更新教育观念 提高教学管理质量》，《长春中医药大学学报》2008 年第 6 期，第 782~783 页。

③ 朱海龙、胡鹏：《高校校园网络安全管理问题与对策研究》，《湖南社会科学》2018 年第 5 期，第 98~109 页。

速、健康、科学地运转，必须加大校内各级网络的日常监管力度，切实抓好校园网站的登记、备案工作，加大对校内各级各类网站的内容审查和监管力度，整顿校园网络秩序，避免各级各类网站重复建设、内容混杂、管理失控。从网络类型划分，校园网分为教学子网、办公子网、宿舍子网等，管理人员需全面熟悉校园网络布局、层次结构以及端口的参数配置等具体情况，一旦出现状况，能够迅速作出反应，找出问题的发生源头并有效解决。

第二，加强校园网络难点管理。骨干网、局域网、校园网是高校校园网络管理的重点和难点，只有加强对这些重点、难点的管理，才能为开展科学有效的意识形态工作提供保障。因此，高校必须利用计算机网络通信技术构筑强有力的"信息海关"，加强对微博、播客、微信公众号的规范和管理，定期对网站主页链接进行优化和审查，严格落实注册登记制度，防止不健康的内容进入校园网。同时，还要积极组织学生开展网络自律活动，引导学生善用网络，增强学生上网的法治意识、安全意识。

第三，加强校园网络舆论引导功能。一些高校的校园网站是平面媒体的翻版，没有充分发挥网络媒介的互动、时效优势，在舆论引导、内容宣传和传播上也没有自身特色，宣传引导效果不理想。高校要把握好校园舆论引导的时间和尺度，把重点新闻和重要观点设置在显眼位置，第一时间发布最新信息，通过网络发言人的整体引导和"意见领袖"的配合推动，形成强大声势，加强主流信息在当代大学生中的传播。同时，要坚持以学生为本、服务学生的教育宗旨，不断强化网络的引导服务功能，特别是在网站栏目设计、信息收集与发布方面把握好舆论导向，加强双向互动，寓教于乐。

三　学生社团日常活动管理规范化

大学生社团活动是有效凝聚学生、开展思想政治教育的重要载体。传统主流意识形态教育是通过学习教材里的纯理论知识进行的，内容较为空洞，与学生面对的纷繁复杂的现实社会差别较大，缺乏说服力，难以达到教育的预期效果。而大学生社团活动作为课堂教育的延伸，不仅拓宽了意识形态教育的渠道，还将意识形态教育从书本移到现实。当前，随着社会发展和教育改革的不断深入，高校学生社团的内涵和外延也在不断扩张，社团的种类不断丰富、数量不断增多、活动的科技含量不断提高。特别是近几年高校的科技型社团、网络型社团以及学术型社团发展迅速，社团活动的服务水平和实践能力大大提高。不仅如此，学生社团的管理逐步凸显出学生社团成员的自主性和独立性，逐渐实现了以团委和学生会为管理主体到以学生社团联合会为管理主体的转变。

"然而由于社团组织本身的民间性、结构的松散性、活动的自发性以及行为规范的半统一性和成员的广泛性等特质和因素，在助长大学生社团快速发展壮大的同时，也催生了社团发展不利的因素和状况；加上少数高校对这项工作的重要性认识不足、对工作特点和规律把握不够、社团活动创新不强等，导致了少数社团层次较低、活动品味不高，监督管理措施也没有明确的落实到位。"① 另外，受就业压力和社会环境的影响，部分大学生将社团作为连接校园生活和现实社会之间的缓冲地带和"实习"热身基地，社团的"趣味"性正在发生变化。从以上情况来看，各种不利于社团健康良性发展的因素，正严重影响着社团管理活动的开展以及功能发挥。因此，高校党委要主动适应当前社会思潮广泛传播的新形势，对学生社团活动进行规范化管理，充分重视学生社团活动对青年大学生进行社会主义核心价值观教育的重要意义。

首先，高校应加强对学生社团的正确引导。学校的党、团组织必须对学生社团进行有效监管，特别是对涉及政治理论的社团组

---

① 龙希利主编《大学生社团管理机制创新与实践探索》，山东人民出版社，2014，第77页。

织，一定要加强指导和管理，积极开展有利于学生成长成才的社团活动，同时注意加强对社团成员的意识形态教育，引导学生通过参加社团活动真正实现自身综合素质的提高。其次，高校要激发社团指导教师的参与热情。指导教师的参与对学生社团的发展起着关键性作用，高校要把教师对社团指导工作的业绩纳入考核评价体系，采取各种途径调动教师参与和指导社会工作的积极性，激励教师更加主动地参与学生社团的建设和管理。需要注意的是，目前一些高校的学生社团存在只求数量而忽视质量的现象，娱乐消遣类、运动类社团的数量明显多于学术研究类、思想政治类社团，而且一部分社团还具有商业化、功利化、庸俗化等不良倾向。所以，教师在对社团提供业务指导的同时，还要加强对其成员思想方面的启发，在提升大学生综合素质的同时，着力提高社团的质量与内涵，推动高校社团在质与量方面协调发展。

四　中外合作科研项目管理严格化

"近年来，通过坚持以开放促改革、促发展，开展多层次、宽领域的教育交流与合作，我国教育国际化水平不断提高，我国教育的国际地位、影响力和竞争力不断提升。教育国际合作交流工作在着力深化综合改革、推进双向留学、支持高水平示范性中外合作办学、谋划中外人文交流等方面取得了积极进展，我国教育国际合作与交流在积极推进教育对外开放中呈现出新趋势。"① 我国高等教育机构不断加强与西方发达国家高等教育机构的多方面合作，在合作中积极引进国外优质教育资源，提升合作办学水平和自身的教育教学质量。然而，这"也便利了西方敌对势力通过课程教材、教学和学术交流对我国高校进行意识形态渗透，宣传西方意识形态，引导反社会主义的不良舆论，边缘化、空心化、标签化马克思主义，消

---

① 许涛：《中国教育国际合作与交流新趋势》，《中国高等教育》2017 年第 8 期，第 4~6 页。

解其对主流意识形态的认同，试图取代马克思主义在意识形态领域中的一元指导地位，否定中国共产党领导的合法性，从而达到颠覆社会主义制度的目的"①。这就要求高校在鼓励开展正常的国际学术交流与合作的同时，加强涉外合作项目的审核和把关，牢固树立国家安全与科研安全意识，遵循"把握方向、趋利避害、加强管理"的原则，坚决抵制有敌对势力介入的境外政府、基金组织和各类机构等提供的资助，拒绝一切涉及敏感问题和以了解涉及国家安全信息、重要资源信息等为目的的摸底调查和研究项目。

具体地说，高校要建立健全申请审批制度，严把境外基金资助的合作对象、合作内容、资金来源、协议签署和成果提交关。首先，学校有关单位在申请、接受境外基金资助开展社科领域交流与合作项目前，需报校保卫部门、国际交流部门和社会科学部门审核，校长办公会和党委会审批，并根据主管部门要求上报备案；教师个人申请、接受境外基金资助，需经所在院系、保卫部门、国际交流部门和社会科学处审核，报请校长办公会和党委会审批后方可正式对外联系和申请。其次，申请境外基金资助必须向所在学院和学校主管部门提交相关申请材料，包括：基金会的背景资料（基金会章程、资助目的等）、项目申报书（包括项目名称、课题组成员、研究方法、拟提交成果形式和主要内容）。外国政府资助的项目，要注明是否有政府间合作协议，并填写提交《申请（接受）境外基金资助项目审批表》。再次，经过学校审批获准立项的境外基金资助项目，项目负责人必须与学校签订项目研究责任书。项目负责人所在学院应加强对项目研究的过程管理，学校对项目研究进行督导检查，对负责人进行教育培训。最后，项目负责人提交的研究成果，包括在境内外公开发表的论文，要严格遵守国家保密规定，不

①　徐国民、胡秋玲：《新时代高校意识形态风险防控能力的内涵与提升路径》，《思想政治教育研究》2020年第1期，第35~42页。

得提供、引用未公开发表或不宜对外公布的统计数据、调查材料、内部资料等，研究成果在正式提交或发表前必须在校社会科学部门审核备案。教师个人未经审批，擅自接受境外资金资助的，其所在学院不得对该项目认定备案，公开发表涉密材料、不当言论的，学校根据有关管理规定视情况给予相应处理，并对其申报新项目进行限制。违反国家有关法规的，将依法追究法律责任。

除此之外，校报、校园广播等校园媒体作为社会主义主流意识形态传播的重要平台，在展现高校形象、塑造高校品牌、传播舆论正能量中发挥着不可替代的作用。高校党委必须严格执行党的方针政策，坚持以"正确的舆论引导人"，充分利用校园媒体对高校师生开展社会主义理想信念教育与社会主义核心价值体系教育，弘扬民族精神与时代精神，在事关政治方向和根本原则的问题上旗帜鲜明地传播思想理论和事件信息，围绕大局形成强势主流舆论格局，增强内容的感染力和吸引力，进而提高舆论对学生的引导能力。

第四节　创新网络思想政治教育话语内容与形式

话语内容和话语形式的创新是提升高校网络意识形态工作质量的有效方式。创新网络意识形态教育话语内容与形式就是结合当前社会发展环境并从学生的实际出发，将学术话语转化为日常生活话语，实现高校网络意识形态教育话语通俗化、大众化。

一　丰富网络思想政治教育话语内容

从教育对象来看，网络思想政治教育的受教育者多为青年大学生，他们的认知力、理解力有限，只有不断提炼新鲜话语、转换传统话语、继承生动话语，主动充实网络意识形态教育话语内容，才能达到润物细无声的教育效果。

（一）提炼与借鉴社会实践中的新鲜话语

实践是认识的基础。网络意识形态教育话语主体"需要深入大学生的日常生活，在生活实践中与大学生共同探讨社会现实问题和理论难点问题，与他们形成共同话语，并在生活实践基础上进一步总结提炼，用大学生熟悉的、对味的、生活化的，反映大学生呼声的，与大学生有深厚感情的话语来剖析马克思主义基本原理"①。只有这样才能拉近师生之间的关系，生成学生喜爱的网络意识形态教育话语体系，例如"我太难了""塑料普通话""光想青年""安排的明明白白"等。这些极具特色和个性化的网络话语，丰富了话语的意义和表达方式，使话语更加质朴、生动，更符合大学生多元化、个性化的需求。因此，为贴近大学生的思想实际，提升网络意识形态教育的广度与效度，高校网络意识形态教育话语内容需要吸收网络话语，并将其逐渐渗透到思想政治理论课话语领域，成为网络意识形态工作话语资源的重要组成部分。

（二）转换与革新"生活叙事"中的传统话语

叙事是人类用以言说的工具，也是人类的一种思维方式。就现实生活而言，叙事是描述或陈述客观事实。"生活叙事"以生活世界为背景和主题，以现实世界的人的意义为叙事尺度，以理论世界与生活世界的相互融通为归依，通过关注人的现实生活来获得对教育"真理"的认知与认同②。网络意识形态教育话语要转换与革新

---

① 何理、宋洁琳：《思想政治理论课话语体系发展的对策思考——基于对"05方案"思想政治理论话语体系的探讨》，《江汉大学学报》（社会科学版）2016年第1期，第98～103、128页。

② 林仕尧：《思想政治教育话语转换的主体性维度》，《理论导刊》2016年第11期，第99～101页。

"生活叙事"中的传统话语。传统话语是以革命话语、阶级话语、政治话语为主导，偏向强调政治意义与终极价值目标、与主流政治文化生态相适应的话语类型。它固然是网络意识形态教育话语表达的重要范式，但脱离现实的表达短板很难吸引大众的眼球。在新媒体语境下，多元并存的话语形态与层出不穷的网络新词，更是在不断挤压着意识形态教育的传统话语空间，使革新传统话语成为一种必然。例如，用"后浪""逆行者"等词表示坚守信念、承担责任的新一代；用"给力"等词表示对事情的认同和赞扬；用"萌萌哒"等形容事物或人的可爱。高校网络意识形态工作既要积极吸纳与运用具有鲜明时代特征的特色话语，转换和革新"生活叙事"中的传统话语，又要始终秉承传统精神之要义，抓住时代主题，反映时代要求，不断提升网络意识形态教育的效果。

（三）继承与弘扬传统文化中的生动话语

文化与话语唇齿相依，不可分离。一方面，话语表述着、承载着、象征着文化；另一方面，文化蕴含着、建构着、依附着话语。马克思指出："人们自己创造自己的历史，但是他们并不是随心所欲地创造，并不是在他们自己选定的条件下创造，而是在直接碰到的、既定的、从过去承继下来的条件下创造。"[①] 在长期的历史发展过程中，中华民族已经形成了稳定的民族文化心理与深厚的民族文化积淀。"上善若水"的为人处世原则；"仁、义、礼、智、信"的"五常之道"；"礼之用，和为贵"的社会秩序追求；"合和中庸"的理想境界与实践准则；"天人合一"的自然观；"修身克己"的境界追求与实践方法；"富贵不能淫，贫贱不能移，威武不能屈"的高贵气节；"人而无信，不知其可也"的诚信观；"不以物喜，不以己悲"的豁达淡然心态等优秀思想文化传统，都为新媒体语境

①　《马克思恩格斯选集》第 1 卷，人民出版社，1995，第 585 页。

下意识形态教育话语内容提供了宝贵的精神财富。当前，高校网络意识形态教育话语内容要根植于中华民族文化之沃土，赋予话语内容以深厚的文化积淀与鲜明的民族特征，才能在全球话语博弈中拥有充足的话语底气与强大的话语实力。

二　更新网络思想政治教育话语形式

科学的话语内容需要使用大众喜闻乐见的话语方式表达出来，才能增强话语的趣味性。网络意识形态教育话语形式的更新就是在网络意识形态教育实践的基础上，弥补理性话语、文本话语以及个体独白等传统话语形式的不足，推动话语表达方式和形式不断丰富、发展、完善，增强话语的有效性。

（一）　以情感话语弥补理性话语的不足

理性话语能够传递一种规范式、权威式的知识，具有明显的指令性和目的性。以理想化、理论化和规范化的话语为主导，有利于人的理性精神的培育。然而，理性话语并非人类生活的全部，人的思想和行为总是与一定的态度、认知、动机、情绪、意志等主观情感因素和心理因素紧密相连。霍夫兰的劝服理论认为，人的态度由认知、情感和行为三部分组成，在形成或改变态度的过程中，起决定作用的因素是情感。在现实话语交往之中，情感话语能够有效激发话语对象的兴趣，增强话语对象参与话语交往过程的积极性和主动性。而兴趣一旦持久稳定，就能够促进话语对象意志力的形成，支撑话语对象对特定话语内容专注力的发展。目前，高校网络意识形态教育话语多以理性话语的方式出现在主流意识形态领域、日常工作领域和学术研究领域。对理性话语的过度重视使得话语主体更多地关注实现话语目标的手段，即重视话语内容和话语方式的选择，而容易将话语对象排除在关注的范围之外。思想政治教育的理性话语固然重要，但只注重理性话语的运用容易使思想政治教育远离人类最本真的情感体验，遮蔽思想政治教育话语启迪心灵的重要作用，导致枯燥的说教式话语普遍存在①。网络意识形态教育话语主体要客观把握话语对象的心理动机和需求，发挥情感话语的正面效应，激活教育对象心灵中情感这一块"最柔软的地带"，唤醒教育对象心灵深处被过多理性所遮蔽的精神感悟能力，激发教育对象的道德情感，引发情感共鸣进而实现对话语对象的有效劝服，使话语对象与话语主体的态度趋同。

（二）以生活话语弥补文本话语的不足

网络意识形态教育话语通常是"在充分论证与实践批判的基础上，通过纳入理论、学术建制而形成的一套纯粹的理论或学术风格的陈述式表达，表达言者意图，在意义方面说明世界、阐述世界、建构世界"②。这种话语侧重于理论化的表达方式，而呈现出文本话语的抽象性。新媒体语境下带来的主体意识的高扬与话语个性的张扬，使文本话语日渐远离人们的日常生活与思想状态。以生活话语弥补文本话语的不足，并不是要完全排斥文本话语，而是纠正过于偏重文本话语的话语方式，将关注人的个体生命的生活叙事话语注入其中，将浓厚的理性情怀与清新的生活气息相结合。高校网络意识形态教育要摆脱话语权威的角色设定，从生活世界中把握人的客观存在，了解话语对象的心理世界，主动使用人性化的话语方式，积极将宏大叙事的政策话语、文本话语、理论话语转换为实际中的生活话语。尤其在当下，大学生具有更加独立、开放、自主的意识，话语表达方式更为自由和多样，这就要求高校网络意识形态教

---

① 袁芳：《思想政治教育话语创新的马克思主义审视》，中央编译出版社，2018，第212~213页。

② 许苏明：《论思想政治教育的话语转换》，《东南大学学报》（哲学社会科学版）2014年第2期，第5~9、134页。

育要尊重话语对象的差异性，通过生活化叙事方式来实现与话语对象的平等沟通和交流。2015年2月，"复兴路上工作室"制作的三分钟视频宣传片《中国共产党与你一起在路上》在国内外网站上进行展演，展现了充满活力的中国风貌。在话语表达方式上该短片用描述性话语代替了概括性话语，用细节性话语代替了宏观性话语，对海外受众不甚了解的中国文化背景进行了生活化叙述，在国外民众中获得了广泛好评。这种"故事化、生活化、细节化"的话语方式，更加注重表达的人情味，极具人性魅力，能够产生强烈的感染力。

（三）以主体对话弥补个体独白的不足

传统的网络意识形态教育是一种"预定的话语框架"，教育主体凭借绝对的话语权单向度地对教育对象进行灌输，使教育者成为"个体独白"。"个体独白"的话语范式固然强化了意识形态教育的权威性与统治性，但忽略了教育主客体的失衡而带来的认知冲突与集体失语。话语对象虽然拥有一定的选择自由，但由于话语主体拥有在知识、经验、年龄、身份等方面的相对优势而形成的话语权威，话语对象难以选择不同的态度和意见，往往只能服从。这种服从往往不是心甘情愿的，是一种"压服"而形成的"屈从"，而不是"说服"带来的"服从"。这种服从在特定的时间和特定的场景中能够发挥作用，但在很大程度上忽视了话语对象的自主性和自主权，即使"个体独白"多数是引导话语对象去做"对"的事情，但过分依赖这种规训式的表达方式，压制的是人的自主性。主体对话的话语赋权使网络意识形态教育话语主体间的既有权力关系被打破，让互动、平等的对话范式成为现实。它不仅改变了意识形态教育话语主体间的既有权力关系，尊重教育对象的主体性，而且构建了一种多元主体的对话机制。当前，新媒体的技术天性与传播特性就是对主体平等的完美诠释。高校网络意识形态教育工作者要通过即时聊天工具与学生进行话语的衔接与转换，善于利用论坛、贴吧、微博等新媒体与学生进行话语交流或思想博弈，充分发挥网络新媒体的主流意识形态传播功能，不断增强网络意识形态教育吸引力。

第五节　加强网络思想政治教育队伍建设

培养具有马克思主义理论素养和业务专长的网络意识形态工作队伍，是高校进行网络意识形态教育的前提条件，也是党的建设的一项基本任务。建设高校网络意识形态工作队伍，既要提高思想认识，明确总体要求和努力方向，又要从战略的高度科学谋划一系列实践举措。高校要在从严从实遴选调配，深化教育培训锻炼，加强管理、评价、激励等方面下足功夫，全面提升队伍的能力和水平。

一　从严从实遴选调配

队伍遴选是建设高校网络意识形态工作队伍的首要环节，直接决定着高校网络意识形态工作队伍建设的质量和水平。遴选高校网络意识形态工作队伍，必须严格遴选标准、落实遴选程序、拓宽遴选途径，实现"正确地选人"和"选正确的人"。

严格遴选标准。高校网络意识形态工作队伍的遴选必须以"信念坚定、数量充足、结构合理、能力突出、勇于担当"为标准。所谓信念坚定，就是认清"举什么旗，走什么路"，既深入搞懂马克思主义立场、观点和方法，真正信仰马克思主义，也深刻认识中国特色社会主义从哪里来、到哪里去，科学把握中国特色社会主义的本质特征和实践要求。所谓数量充足，就是确保队伍有一定规模，实现"人员充足，人事匹配"。所谓结构合理，就是统筹推进高校党政干部、共青团干部、思想政治理论课教师、辅导员、班主任、哲学社会科学教学科研人员以及网络宣传工作人员队伍建设，使各部分人员结构比例适宜，不断优化队伍的人员构成。所谓能力突出，就是要求队伍具有从事高校网络意识形态工作的本领、本事，做到"能做事，做成事"，不仅要有扎实的理论功底，善于就师生关注的理论问题和社会热点说清事实、说透原因、说明立场，而且还要培养科学的思维方式和正确的思考方法，善于揭示错误思潮的实质和危害。所谓勇于担当，就是有负责、担责的精神和勇气，不忘初心，牢记使命，在事关高校网络意识形态安全的大是大非面前敢于发声"亮剑"，在培养中国特色社会主义事业合格建设者和可靠接班人上甘于奉献。

落实遴选程序。严格按照程序开展高校网络意识形态工作队伍遴选是实现队伍遴选常态化、长效化的本质规定。队伍遴选程序化、规范化程度不高，容易产生偏误。通常情况下，高校网络意识形态工作队伍遴选包括以下几个环节：发布公告→公开报名→资格审查→组织测试（笔试、面试）→体检→考察公示→聘用→培训上岗。在发布公告环节，高校可以根据自身规模、性质以及发展状况确定实际缺额人数，细化遴选岗位要求与职责，并在省人社厅和学校官网上发布招聘公告。在资格审查环节，高校要对应聘人员的学历、专业以及工作经历等认证材料进行严格审核，看是否符合招聘职位的要求。在考察公示环节，高校应重点考察应聘人员的政治思想、道德品质以及能力素质等。要坚决杜绝不讲程序、不重视程序以及随意变更程序的情况发生，不断提高队伍遴选透明度，及时向师生和社会公开遴选推进情况，坚决做到公开透明、公平竞争、公正选聘。

拓宽遴选途径。高校要积极探索遴选新路径，形成充满活力的选人用人机制，促进优秀人才脱颖而出。一方面，要强化民主推荐工作，号召全体教职工积极推荐优秀人选。人事部门可以根据职位要求编制聘用说明书，及时向教职工公布职位情况和任职条件，号召教职工踊跃推荐。另一方面，跳出传统的队伍遴选思维模式，拓宽遴选范围。高校网络意识形态队伍遴选要加大公开选拔力度，丰富公开选拔方式，拓宽选人用人视野，打通各类人才交流渠道，打破内部条块之间的限制。例如，高校可以在校外科研机构或者教育机构遴选优秀的教学科研人员进入高校意识形态工作队伍，也可以借鉴现代管理学和人才学的评价方法，按照岗位的要求更加科学地设置选拔办法，真正把政治上坚定、理论水平高的优秀人才遴选到高校意识形态工作队伍中。

二　深化教育培训锻炼

一段时间以来，高校网络意识形态工作队伍建设主要依靠"传、帮、带"方式，大多停留在经验性层面，缺乏系统化、科学化的教育培训锻炼[①]。高校应根据工作实际，建立集中与分散相结合、校内与校外相结合、长期与短期相结合的教育培训机制，经常组织召开学习交流会，不断提升网络意识形态工作队伍的政治素养、政策水平、组织管理能力以及工作技能。

脱产进修学习。提高学历层次是优化队伍结构的重要途径。高校要从根本上提升网络意识形态工作队伍的理论素养，培养和造就自己的专家、学者，就必须尽可能地改善学历结构。因此，高校必须积极创造条件将从事大学生网络意识形态教育工作的专职干部，分期、分批选送到理论水平较高的高校或研究机构去轮训和学习。同时，要有计划、有步骤地安排高校网络意识形态教育工作者参加各种形式的进修学习，使高校网络意识形态工作队伍拥有自己的硕士、博士，建立和形成一支多层次、高水平的队伍结构。

---

① 黄蓉生、王华敏、崔健等：《大学生思想政治教育改革创新研究》，人民出版社，2018，第 146 页。

校内在职培训。当前，高校网络意识形态工作队伍建设的主要方式仍然是在职在岗培训。如何有效地开展在职培训？当前高校网络意识形态工作队伍建设要运用好两种在职培训形式。第一种是任职前培训。对刚从事高校网络意识形态教育工作的从业者进行集中培训，重点学习相关规章制度和重要会议精神。第二种是任职后培训。利用节假日定期开展在岗培训，不断更新其知识和理念，提高其工作能力和业务水平，以便其更好地适应新形势新任务的要求。

业余时间自修。提高高校网络意识形态工作队伍的素质既离不开外部条件，也离不开教师个人的自觉学习。制订一个可持续发展的学习计划，是提高自身业务水平的良好开端。这里的学习计划是长期性的计划，不是为了一次公开课、一次比赛、一次评比而进行的短期行为。高校网络意识形态工作者要制订详细的学习计划，确立各阶段的目标，根据形势的发展、工作的需要，不断改善自己的知识结构。只有这样，工作才有可能得心应手。

三 加强管理、评价、激励

加强高校网络意识形态工作队伍管理、评价和激励，既关系到高校网络意识形态工作的实际成效，也关系到高校网络意识形态工作队伍的培养使用。从当前来看，高校网络意识形态工作队伍管理、评价和激励制度比较欠缺，"做与不做一个样""做多做少一个样"的情况在部分高校依然存在。因此，高校必须注重网络意识形态工作队伍的日常管理，建立科学有序的网络意识形态工作队伍的流动机制，建构合理的网络意识形态工作队伍业绩考核体系，充分调动网络意识形态工作队伍的积极性、主动性和创造性，提升高校网络意识形态工作质量。

注重日常管理。加强高校网络意识形态工作队伍的日常管理，必须从严明工作纪律入手，从日常点滴抓起，持续用力、久久为功。具体而言，高校要培养网络意识形态工作队伍的纪律意识和履责担当意识，通过定期和不定期工作报告制度，强化对高校网络意识形态工作队伍完成本职工作的跟踪督查，定期对照"清单"检查工作业绩，让网络意识形态工作队伍不敢懈怠、不敢失责；要探索实施网络意识形态工作队伍监督联席会议制，联席会议成员单位分工负责队伍建设中的某项监督事宜，履行监督职能，充分发挥对网络意识形态工作队伍的约束作用。

建立科学有序的网络意识形态工作队伍的流动机制。人才流动，是市场经济的正常现象与合理的自然法则。合理的人才流动，能使人力资本与物力、财力得到合理配置，达到优化组合、提高效益的工作目的，进而形成更高的文化力、思想力和生产力。网络意识形态工作压力较大、付出较多、薪酬较少。因此，为稳定网络意识形态工作队伍，高校应该切实以优厚的薪酬待遇、良好的发展环境、公正的评价体系等来吸引和稳定优秀人才。同时，为优化结构、合理配置网络意识形态工作队伍，高校人力资源管理部门也应建立淘汰机制，实行全员聘用合同制，优岗优酬，形成网络意识形态工作队伍能上能下、能进能出、能高能低的合理用人机制。

设立合理的网络意识形态工作队伍业绩考核体系。传统的人事管理过于注重组织目标的实现，而忽视了人的发展。在实现组织目标并合理评价个人和集体的贡献时，更应注重对教育者的人文关怀，关注教育者的发展和成长。高校要倡行"发展性教师评价"，注重动态过程管理中的动态考评，对教育者在不同发展阶段的工作行为表现给予充分重视与认可。要建立能全面反映、科学评价网络意识形态工作队伍工作实效的考核体系，加强激励机制的构建。一要坚持组织激励与个人激励相结合的原则。既要激励网络意识形态教育工作者努力实现既定的组织目标，又要激发网络意识形态教育工作者的成就感、认同感和责任感，充分尊重并尽力满足他们的个人需要，达到组织目标和个人发展的相协调。二要坚持物质激励和精神激励相配合的原则。既有薪酬激励、职级激励，又有名誉激励、成就激励。三要坚持集体激励和个体激励相联系的原则。集体成绩是在个体努力的基础上获得的，优秀的个体离不开先进的集体，先进的集体必定会产生优秀的个体。只有将集体激励和个体激励相结合，才能充分调动广大网络意识形态教育工作者的积极性，以进一步做好高校网络意识形态工作。

参考文献

一 经典著作及党的文献

《马克思恩格斯全集》第 3 卷，人民出版社，2002。

《马克思恩格斯全集》第 21 卷，人民出版社，2003。

《马克思恩格斯全集》第 37 卷，人民出版社，1971。

《马克思恩格斯全集》第 44 卷，人民出版社，1982。

《马克思恩格斯选集》第 1、4 卷，人民出版社，1995。

《马克思恩格斯文集》第 1~5、10 卷，人民出版社，2009。

《列宁选集》第 1、2、4 卷，人民出版社，1995。

《列宁全集》第 4~7 卷，人民出版社，2013。

《列宁全集》第 4 卷，人民出版社，1995。

《列宁全集》第 14、35、36、38、39、41 卷，人民出版社，2017。

《邓小平文选》第 2 卷，人民出版社，1994。

《邓小平文选》第 3 卷，人民出版社，1993。

《毛泽东选集》第 3、4 卷，人民出版社，1991。

《毛泽东文集》第 5 卷，人民出版社，1996。

《毛泽东文集》第 7 卷，人民出版社，1999。

《江泽民文选》第 1、3 卷，人民出版社，2006。

江泽民：《论"三个代表"》，中央文献出版社，2001。

江泽民：《论党的建设》，中央文献出版社，2001。

江泽民:《论科学技术》,中央文献出版社,2001。

江泽民:《在庆祝中国共产党成立八十周年大会上的讲话》,人民出版社,2001。

《胡锦涛文选》第3卷,人民出版社,2016。

《习近平谈治国理政》第1卷,外文出版社,2018。

《习近平谈治国理政》第2卷,外文出版社,2017。

习近平:《在庆祝改革开放40周年大会上的讲话》,人民出版社,2018。

《习近平关于社会主义文化建设论述摘编》,中央文献出版社,2017。

《习近平关于科技创新论述摘编》,人民出版社,2016。

《习近平关于实现中华民族伟大复兴的中国梦论述摘编》,中央文献出版社,2013。

《习近平关于社会主义文化建设论述摘编》,中央文献出版社,2017。

《建国以来毛泽东文稿》第10册,中央文献出版社,1996。

《建国以来重要文献选编》第19册,中央文献出版社,1997。

《习近平总书记系列重要讲话读本》,学习出版社、人民出版社,2014。

《习近平新时代中国特色社会主义思想学习纲要》,学习出版社、人民出版社,2019。

二　学术著作

张耀灿、郑永廷、吴潜涛、骆郁廷等:《现代思想政治教育学》,人民出版社,2006。

郑永廷主编《思想政治教育方法论》,高等教育出版社,2010。

冯刚:《探索思想政治教育发展的内生动力》,人民出版社,2017。

林伯海等：《思想政治教育的人学取向》，现代教育出版社，2015。

吴满意、景星维、唐登蕓：《网络思想政治教育理论前沿问题研究》，
　　四川大学出版社，2019。

张瑜等：《高校网络思想政治教育发展与创新研究》，人民出版
　　社，2014。

夏晓红主编《高校网络思想政治教育》，泰山出版社，2008。

张再兴等：《网络思想政治教育研究》，经济科学出版社，2009。

常晋芳：《网络哲学引论——网络时代人类存在方式的变革》，广东
　　人民出版社，2005。

姜国峰：《网络思想政治教育理想模式的构建研究》，云南大学出版
　　社，2009。

王荣发等：《网上德育——大学生网络思想政治教育的思考与实
　　践》，华东理工大学出版社，2009。

项建标、蔡华、柳荣军：《互联网思维到底是什么？》，电子工业出
　　版社，2014。

成广海：《思想政治教育模式研究》，山西人民出版社，2007。

元林：《思想政治教育体系中的网络传播研究》，光明日报出版
　　社，2011。

教育部思想政治工作司组编《大学生网络思想政治教育》，高等教
　　育出版社，2011。

洪波：《思想政治教育话语范式转换研究》，浙江大学出版
　　社，2012。

方文、黄荣华：《网络环境下高校思想政治教育研究》，中国水利水
　　电出版社，2013。

黄超：《高校网络思想政治教育研究》，中国出版集团、世界图书出
　　版公司，2013。

王嘉：《网络意见领袖研究——基于思想政治教育视域》，中国文史
　　出版社，2014。

刘基、苏星鸿：《网络境遇中当代中国马克思主义大众化传播问题研究》，中国文史出版社，2014。

谭仁杰主编《网络时代的高校思想政治教育——地方院校德育研究》，武汉大学出版社，2014。

李才俊、唐文武主编《网络视角下的思想政治教育方法新探》，西南交通大学出版社，2014。

季海菊：《新媒体时代高校思想政治教育的解构与重塑》，东南大学出版社，2014。

杨庆山、史瑞杰主编《大学生网络思想政治工作研究与实践》，中国书籍出版社，2015。

陈少平主编《高校网络思想政治教育研究》，中国书籍出版社，2015。

胡恒钊：《人文关怀视阈下高校网络思想政治教育实施方法研究》，江西人民出版社，2015。

崔家生：《网络思想政治教育研究》，山东画报出版社，2016。

杨增崇：《思想政治教育生态分析引论》，中国社会科学出版社，2015。

王卫东、冉杰、胡潇主编《当代语境中的思想政治教育》，湖南人民出版社，2004。

洪涛：《新媒体时代议程设置嵌入高校网络思想政治教育研究》，光明日报出版社，2016。

胡凯：《网络思想政治教育心理研究》，中南大学出版社，2016。

吴军：《智能时代——大数据与智能革命重新定义未来》，中信出版社，2016。

阿尔温·托夫勒：《第三次浪潮》，朱志焱、潘琪、张焱译，生活·读书·新知三联书店，1984。

尼古拉·尼葛洛庞帝：《数字化生存》，胡泳、范海燕译，海南出版社，1996。

唐·泰普斯科特：《数字化成长——网络世代的崛起》，陈晓开、袁世佩译，东北财经大学出版社、McGraw-Hill 出版公司，1999。

曼纽尔·卡斯特：《网络社会的崛起》，夏铸九、王志弘等译，社会科学文献出版社，2006。

劳伦斯·莱斯格：《思想的未来：网络时代公共知识领域的警世喻言》，李旭译，中信出版社，2004。

克里斯·安德森：《长尾理论》，乔江涛译，中信出版社，2006。

马克斯韦尔·麦库姆斯：《议程设置：大众媒介与舆论》，郭镇之、徐培喜译，北京大学出版社，2008。

尼克·比尔顿：《翻转世界：互联网思维与新技术如何改变未来》，王惟芬、黄柏恒、杨雅婷译，浙江人民出版社，2014。

特里·弗卢：《新媒体 4.0》，叶明睿译，人民日报出版社，2019。

凯斯·桑斯坦：《网络共和国——网络社会中的民主问题》，黄维明译，上海人民出版社，2003。

三　期刊论文

马也：《ChatGPT 介入高校网络思想政治教育的风险审视及应对策略》，《江苏高教》2024 年第 6 期。

闫冬、张澍军：《新时代提升高校网络思想政治教育实效性的问题与对策》，《东北师大学报》（哲学社会科学版）2024 年第 3 期。

张翔、曹银忠：《论分众思维在高校网络思想政治教育中的运用》，《学校党建与思想教育》2023 年第 20 期。

杨立淮、徐百成：《"微博"网络生态下的高校网络思想政治教育》，《中国青年研究》2011 年第 11 期。

鲍良玉：《高校网络思想政治教育立体生态的构建》，《学校党建与思想教育》2023 年第 13 期。

莫伶、徐成芳：《新时代高校网络思想政治教育内容建设》，《社会科学家》2023年第5期。

张楠楠、刘玮宁：《新时代高校网络思想政治教育工作面临的挑战与路径》，《教育理论与实践》2022年第33期。

赵毅博、梅士伟：《新时代高校网络思想政治教育机制创新探析》，《学校党建与思想教育》2022年第20期。

李新富、蒋博：《融合媒体传播模式下的高校网络思想政治教育工作创新路径探究》，《教育理论与实践》2022年第6期。

李良俊：《论提升高校网络思想政治教育的实效性》，《学校党建与思想教育》2011年第33期。

任昊、傅秋野：《高校网络思想政治教育创新研究》，《现代教育管理》2022年第2期。

鲍中义：《高校网络思想政治教育的发展历程、原则与进路》，《学校党建与思想教育》2022年第3期。

李玲：《论大数据时代高校网络思想政治教育创新》，《学校党建与思想教育》2021年第19期。

张杨、高德毅：《算法推荐时代高校网络思想政治教育面临的挑战与应对》，《思想理论教育》2021年第7期。

蒋春燕、孙祺：《新时代高校网络思想政治教育的现实困境及发展路径》，《学校党建与思想教育》2021年第12期。

田川、熊明巧、万泱：《全媒体时代高校网络思想政治教育的新路径》，《教育学术月刊》2021年第5期。

张策、张耀元：《大数据助力高校网络思想政治教育：价值、困境及其破解》，《教育理论与实践》2020年第33期。

胡逢源：《新媒体背景下的高校网络思想政治教育工作：价值、挑战与应对》，《国家教育行政学院学报》2020年第11期。

杨航、蔡建国：《大数据时代高校网络思想政治教育效力评估研究》，《黑龙江高教研究》2020年第9期。

程兆宇、郭涛：《互联网背景下高校网络思想政治教育的变化与对策》，《教育理论与实践》2020年第12期。

刘家祥：《新时代高校网络思想政治教育的意识定位》，《江苏高教》2020年第4期。

周典典、孙迎光：《解构与重塑：信息碎片化视域下高校网络思想政治教育路径探赜》，《黑龙江高教研究》2019年第11期。

何为、赵新国：《新时代高校网络思想政治教育队伍建设》，《广西社会科学》2019年第9期。

李杨、孙志勇、李艺潇：《新媒体融入高校网络思想政治教育策略探析》，《教育理论与实践》2019年第21期。

张国宁、鲁燕：《主体间性视域下高校网络思想政治教育实现路径探析》，《理论导刊》2019年第5期。

钱云光、张凤寒：《推进高校网络思想政治教育的三重向度》，《思想政治教育研究》2019年第2期。

陈志勇：《网络空间治理背景下的高校网络思想政治教育应对》，《思想教育研究》2018年第12期。

杨洋、胡近：《高校网络思想政治教育话语创新探析》，《中国电化教育》2018年第9期。

熊钰：《高校网络思想政治教育理念的发展和完善》，《思想理论教育》2018年第7期。

陈赛金：《论高校网络思想政治教育的未来转向》，《中国青年社会科学》2018年第3期。

李厚锐、朱健：《媒介融合环境下高校网络思想政治教育创新》，《思想理论教育》2018年第2期。

许成坤：《论高校网络思想政治教育的路径选择》，《思想政治教育研究》2017年第5期。

李方裕、杨霞：《高校网络思想政治教育资源建设探析》，《教育探索》2011年第8期。

项久雨、谭泽春：《基于实证的高校网络思想政治教育效果研究》，《学校党建与思想教育》2017 年第 10 期。

王莹、于钦明：《高校网络思想政治教育工作创新研究》，《思想理论教育导刊》2017 年第 4 期。

何祥林、陈梦妮：《以人为本视阈下的高校网络思想政治教育创新研究》，《学校党建与思想教育》2017 年第 4 期。

洪涛、冯娅楠、马冰玉：《新媒体环境下高校网络思想政治教育新理路——基于议程设置理论的解析》，《思想理论教育》2016 年第 12 期。

张治国：《新媒体视域下高校网络思想政治教育的实践与思考》，《思想理论教育导刊》2016 年第 11 期。

韩锦标、张元：《高校网络思想政治教育生活化研究》，《江苏高教》2016 年第 5 期。

陈华栋：《互联网思维模式下高校网络思想政治教育的思考》，《思想理论教育导刊》2016 年第 8 期。

陆挺、杨文燮：《高校网络思想政治教育的困境分析及机制创新》，《思想理论教育导刊》2016 年第 7 期。

陈志勇：《"圈层化"困境：高校网络思想政治教育的新挑战》，《思想教育研究》2016 年第 5 期。

周梅：《高校网络思想政治教育生态位维度与测度》，《毛泽东思想研究》2016 年第 1 期。

史杨：《基于互动仪式链理论的高校网络思想政治教育模式研究》，《教育评论》2015 年第 12 期。

张法：《高校网络思想政治教育创新模式的构建》，《中国成人教育》2011 年第 18 期。

邓叶芬：《关于高校网络思想政治教育法治化的思考》，《思想理论教育》2015 年第 8 期。

陈华栋：《当前高校网络思想政治教育的发展特征与建设思考》，

《思想理论教育导刊》2015年第5期。

孙伟：《浅析高校网络舆情视域下网络思想政治教育创新》，《思想理论教育导刊》2015年第1期。

仇媛：《高校网络思想政治教育的策略》，《新闻爱好者》2010年第14期。

罗丙军：《关于提升高校网络思想政治教育实效性的思考》，《教育探索》2014年第8期。

从蓉：《关于增强高校网络思想政治教育实效性的思考》，《教育与职业》2014年第24期。

马建青、顾青青：《"微"时代创新高校网络思想政治教育的思考》，《思想理论教育》2014年第8期。

吕志伟：《关于高校网络思想政治教育创新的思考》，《教育探索》2014年第7期。

吴媛媛：《高校网络思想政治教育存在的问题及对策》，《教育探索》2014年第3期。

李德福：《高校开展网络思想政治教育的困难及对策研究》，《思想教育研究》2014年第1期。

何书彩：《高校网络思想政治教育探讨》，《教育与职业》2013年第30期。

唐洁、邓渝：《高校网络思想政治教育工作探究》，《教育与职业》2013年第23期。

张世洲：《信息时代的高校网络思想政治教育队伍建设》，《现代远距离教育》2013年第3期。

罗晴：《云计算环境下高校网络思想政治教育研究》，《中国成人教育》2013年第10期。

贾美倩、曹勇：《当前高校网络思想政治教育的发展机遇与对策研究》，《教育与职业》2013年第15期。

胡恒钊：《高校网络思想政治教育方法的发展趋势》，《学术论坛》

2013 年第 2 期。

陈澜祯：《高校网络思想政治教育可持续发展评估探讨》，《前沿》
2010 年第 10 期。

李大鹏、杨益：《构建高校网络思想政治教育体系研究》，《教育与
职业》2012 年第 33 期。

蒋雪梅：《高校网络思想政治教育的科学理念探析》，《教育与职
业》2012 年第 27 期。

姚志海、刘磊：《高校网络思想政治教育绩效评估体系刍议》，《思
想理论教育导刊》2010 年第 3 期。

王艳：《论高校网络思想政治教育的现状与提升》，《湖南科技大学
学报》（社会科学版）2012 年第 3 期。

图书在版编目 (CIP) 数据

新时代高校网络思想政治教育提升路径／袁健著.
北京：社会科学文献出版社，2024.12. -- ISBN 978-7-
5228-4859-4

Ⅰ. G641-39

中国国家版本馆 CIP 数据核字第 2025BT0915 号

新时代高校网络思想政治教育提升路径

著　　者／袁　健

出 版 人／冀祥德
责任编辑／王玉敏
文稿编辑／陈　冲
责任印制／王京美

出　　版／社会科学文献出版社·马克思主义分社（010）59367126
　　　　　地址：北京市北三环中路甲 29 号院华龙大厦　邮编：100029
　　　　　网址：www.ssap.com.cn
发　　行／社会科学文献出版社（010）59367028
印　　装／三河市尚艺印装有限公司

规　　格／开　本：787mm×1092mm　1/16
　　　　　印　张：14.5　字　数：195 千字
版　　次／2024 年 12 月第 1 版　2024 年 12 月第 1 次印刷
书　　号／ISBN 978-7-5228-4859-4
定　　价／79.00 元

读者服务电话：4008918866